甘肃省高水平专业群（智慧财经专业群）建设计划项目系列教材

校企合作新形态教材

21世纪经济管理新形态教材·工商管理系列

智能审计实践工作手册

主　编◎朱海龙

副主编◎魏梦莹　屠　鸣

清華大學出版社

北　京

内 容 提 要

　　本书分为理论篇、实操篇、拓展篇三部分。其中，实操篇中每个项目包含实训任务、实训内容、实训储备知识、实训过程。本书基于中联教育的智能审计平台，从学生刚接触企业报表审计，到审计结束出具审计报告全过程系统操作进行教学指导。书中给出了审计每个阶段需要操作的具体内容和底稿，供学生们学习和企业实际审计使用，能够为审计新手提供审计全过程的系统培训。

　　本书可作为高等职业院校财经类专业的教学用书，也可作为相关企业的岗位培训用书和中联教育智能审计系统学习的自学用书。

图书在版编目（CIP）数据

智能审计实践工作手册／朱海龙主编. -- 北京：清华大学出版社，2025.2.
（21 世纪经济管理新形态教材）. -- ISBN 978-7-302-68348-3

Ⅰ. F239.0-39

中国国家版本馆 CIP 数据核字第 2025TA6531 号

责任编辑：徐永杰
封面设计：汉风唐韵
责任校对：宋玉莲
责任印制：杨　艳

出版发行：清华大学出版社
　　　网　　址：https://www.tup.com.cn，https://www.wqxuetang.com
　　　地　　址：北京清华大学学研大厦 A 座　　　邮　编：100084
　　　社 总 机：010-83470000　　　　　　　　　邮　购：010-62786544
　　　投稿与读者服务：010-62776969，c-service@tup.tsinghua.edu.cn
　　　质量反馈：010-62772015，zhiliang@tup.tsinghua.edu.cn
印 装 者：三河市春园印刷有限公司
经　　销：全国新华书店
开　　本：185mm×260mm　　　印　张：15.75　　　字　数：297 千字
版　　次：2025 年 4 月第 1 版　　　印　次：2025 年 4 月第 1 次印刷
定　　价：49.80 元

产品编号：102268-01

前言

本书是基于"中联教育智能审计操作平台"，专门写给审计新手的操作示范工具书。本书围绕审计各个环节或者项目，设计工作流程、业务规范和操作示范，通过图解示范、提示注释、实账演练等内容模块任务，向审计从业人员提供了一本集处理规范、操作示范于一体的系统操作指南。

本书从审计人员应会应懂的工作事项、专业知识和技巧出发，以《中华人民共和国审计法》《企业会计准则》以及《内部审计准则》为依据，运用"中联教育智能审计操作平台"中的图表、案例，把晦涩难懂的审计知识程序浅显易懂化，把烦琐的审计工作简单明了化，旨在帮助审计新手以及想要从事审计工作的人员快速熟悉审计工作，掌握审计工作方法与操作技能，从而快速胜任审计岗位。

本书的主要特色如下：

1. 利用"中联教育智能审计——综合实训操作平台"进行操作示范

本书主要以操作平台提供的被审计单位"湖北蓝天通信科技股份有限公司"的财务和业务数据为背景，模拟真实的审计任务，实现分角色分岗位训练，培养审计思维，实现团队合作，合理配置审计资源，以指导审计新手建立审计业务整体框架，从而快速胜任审计岗位的工作。

2. 对大数据分析和审计工具智能化操作进行示范

依托真实的审计作业平台，深化大数据分析在审计项目承接、风险评估、控制测试、实质性程序和审计报告等阶段的应用，为客户承接与保持、舞弊分析和内容核查等目标提供智能决策支持。指导学生使用实训系统内置的审计抽样、截止测试、审计调整等多个审计任务，可以实现自动回写底稿功能，帮助学生高效、快捷、准确地完成审计任务。

3. 为审计新手提供全方位的自我培训用书

本书对企业审计业务进行规范和示范，为审计岗位的新任职人员提供"中联教育智能审计操作平台"详细的操作说明，基本上可满足审计岗位新任职人员的培训需求。

最后，竭诚希望广大读者对本书提出宝贵意见，以促使我们不断改进。由于时间和编者水平有限，书中的疏漏和错误之处在所难免，敬请广大读者批评指正。

编者

2024 年 5 月

目 录

理 论 篇

实 操 篇

拓　展　篇

理论篇

项目1　认识审计工作

学习目标

知识目标

1. 明确审计的概念、特点和分类。

2. 了解审计的起源与发展。

3. 了解审计与会计的区别。

4. 掌握审计工作的四个阶段。

技能目标

1. 能举例解释审计的概念和特点。

2. 能够描述审计工作的四个阶段及其具体内容。

素养目标

1. 初步形成对审计的好奇心和学习兴趣。

2. 培养客观、公正、独立的审计职业道德。

3. 培养求真、求实的科学态度。

学习重点

1. 审计工作初步准备阶段。

2. 审计工作现场审计阶段。

3. 审计工作完成阶段。

4. 审计工作终结阶段。

学习难点

1. 理解审计的概念、特点和分类。

2. 掌握审计工作四个阶段的具体内容。

一、审计概述

1. 审计的基本概念

审计是由国家授权或接受委托的专职机构和人员，依照国家法规、审计准则和会计理论，运用专门的方法，对被审计单位的财政、财务收支、经营管理活动及其相关资料的真实性、正确性、合规性、合法性、效益进行审查和监督，评价经济责任，鉴证经济业务，用以维护财经法纪、改善经营管理、提高经济效益的一项独立的经济监督活动。

2. 审计的特点

（1）独立性。独立性是审计的本质特征，也是保证审计工作顺利进行的必要条件。

（2）权威性。审计的权威性，是保证有效行使审计权的必要条件。审计的权威性总是与独立性相关，它离不开审计组织的独立地位与审计人员的独立执业。各国国家法律对实行审计制度、建立审计机关以及审计机构的地位和权力都做了明确规定，使审计组织具有法律的权威性。我国在宪法中做了明文规定，实行审计监督制度。《审计法》中又进一步规定：国务院和县级以上地方人民政府设立审计机关。审计机关依照法律规定的职权和程序，进行审计监督。

（3）公正性。与权威性密切相关的是审计的公正性。从某种意义上说，没有公正性，就不存在权威性。审计的公正性，反映了审计工作的基本要求。审计人员应站在第三者的立场上，进行实事求是的检查，做出不带任何偏见的、符合客观实际的判断，并做出公正的评价和进行公正的处理，以正确地确定或解除被审计人的经济责任，审计人员只有同时保持独立性、公正性，才能取信于审计授权者或委托者以及社会公众，才能真正树立审计权威的形象。

3. 审计的分类

1）按审计执行主体分类

按审计活动执行主体的性质分类，审计可分为以下三种。

（1）政府审计。政府审计是由政府审计机关依法进行的审计，在我国一般称为国家审计。我国国家审计机关包括国务院设置的审计署及其派出机构和地方各级人民政府设置的审计厅（局）两个层次。国家审计机关依法独立行使审计监督权，对国务院各部门和地方人民政府、国家财政金融机构、国有企事业单位以及其他有国有资产的单位的财政、财务收支及其经济效益进行审计监督。各国政府审计都具有法律所赋予的履行审计监督职责的强制性。

（2）独立审计。独立审计，即由注册会计师受托有偿进行的审计活动，也称为民间审计。中国注册会计师协会（The Chinese Institute of Certified Public Accountants，CICPA）发布的《独立审计基本准则》指出："独立审计是指注册会计师依法接受委托，对被审计单位的会计报表及其相关资料进行独立审查并发表审计意见。"独立审计的风险高、责任重，因此审计理论的产生、发展及审计方法的变革基本上都是围绕独立审计展开的。

（3）内部审计。内部审计是指由本单位内部专门的审计机构和人员对本单位财务收支和经济活动实施的独立审查和评价，审计结果向本单位主要负责人报告。这种审计具有显著的建设性和内向服务性，其目的在于帮助本单位健全内部控制，改善经营管理，提高经济效益。在西方国家，内部审计被普遍认为是企业总经理的耳目、助手和顾问。1999年，国际内部审计师协会（Institute of Internal Auditors，IIA）理事会通过了新的内部审计定义，指出："内部审计是一项独立、客观的保证和咨询顾问服务。它以增加价值和改善营运为目标，通过系统、规范的手段来评估风险、改进风险的控制和组织的治理结构，以达到组织的既定目标。"

2）按财务审计分类

按财务审计的性质分类，审计可分为以下四种。

（1）运作审计。检讨组织的运作程序及方法以评估其效率及效益。

（2）履行审计。评估组织是否遵守由更高权力机构所制定的程序、守则或规条。

（3）财务报表审计。评估企业或团体的财务报表是否根据公认的会计准则编制，一般由独立会计师进行。

（4）信息科技审计。评估企业或机构的信息系统的安全性、完整性、系统可靠性及一致性。

3）按审计基本内容分类

按审计基本内容分类，我国一般将审计分为以下两种。

（1）财政财务审计。财政财务审计是指对被审计单位财政财务收支的真实性和合法合规性进行审查，旨在纠正错误、防止舞弊。具体来说，财政审计又包括财政预算执行审计（即由审计机关对本级和下级政府的组织财政收入、分配财政资金的活动进行审计监督）、财政决算审计（即由审计机关对下级政府财政收支决算的真实性、合规性进行审计监督）和其他财政收支审计（即由审计机关对预算外资金的收取和使用进行审计监督）。财务审计则是指对企事业单位的资产、负债和损益的真实性和合法合规性进行审查。由于企业的财务状况、经营成果和现金流量是以会计报表为媒介集中反映的，因而财务审计时常又表现为会计报表审计。财政财务审计在审计产生以后的很长一段时期都居于主导地位，因此可以说是一种传统的审计；又因为这种审计主要是依照国家法律和各种财经方针政策、管理规程进行的，故又称为依法审计。我国的审计机关在开展财政财务审计的过程中，如果发现被审计单位和人员存在严重违反国家财经法规、侵占国家资财、损害国家利益的行为，往往会立专案进行深入审查，以查清违法违纪事实，作出相应处罚。这种专案审计一般称为财经法纪审计，它实质上只是财政财务审计的深化。

（2）经济效益审计。经济效益审计是指对被审计单位经济活动的效率、效果和效益状况进行审查、评价，目的是促进被审计单位提高人财物等各种资源的利用效率，增强盈利能力，实现经营目标。在西方国家，经济效益审计也称为"3E"（efficiency、effectiveness、economy）审计。最高审计机关国际组织则将政府审计机关开展的经济效益审计统一称为"绩效审计"（performance audit）。西方国家又将企业内部审计机构从事的经济效益审计活动概括为"经营审计"（operational audit）。

4）按审计实施时间分类

按审计实施时间相对于被审计单位经济业务发生的前后分类，审计可分为事前审计、事中审计和事后审计。

（1）事前审计。事前审计是指审计机构的专职人员在被审计单位的财政、财务收支活动及其他经济活动发生之前所进行的审计。这实质上是对计划、预算、预测和决策进行审计，如国家审计机关对财政预算编制的合理性、重大投资项目的可行性等进行的审查，会计师事务所对企业盈利预测文件的审核，内部审计组织对本企业生产经营决策和计划的科学性与经济性、经济合同的完备性进行的评价等。开展事前审计，有利于被审计单位进行科学决策和管理，保证未来经济活动的有效性，避免因决策失误而遭受重大损失。一般认为，内部审计组织最适合从事事前审计，因为内部审计强调建设性和预防性，能够通过审计活动充当单位领导进行决策和控制的参谋、助手和顾问。而且内部审计结论只作用于本单位，不存在对已审计计划或预算的执行结果承担责任的问题，审计人员无开展事前审计的后顾之忧。同时，内部审计组织熟悉本单位的活动，掌握的资料比较充分，且易于联系各种专业技术人员，有条件地对各种决策、计划等方案进行事前分析比较，作出评价结论，提出改进意见。

（2）事中审计。事中审计是指在被审计单位经济业务执行过程中进行的审计。例如，对费用预算、经济合同的执行情况进行审查。通过这种审计，能够及时发现和反馈问题，尽早纠正偏差，从而保证经济活动按预期目标合法、合理和有效地进行。

（3）事后审计。事后审计是指在被审计单位经济业务完成之后进行的审计。大多数审计活动都属于事后审计。事后审计的目标是监督经济活动的合法合规性，鉴证企业会计报表的真实公允性，评价经济活动的效果和效益状况。

按实施的周期性分类，审计还可分为定期审计和不定期审计。定期审计是按照预定的间隔周期进行的审计，如注册会计师对股票上市公司年度会计报表进行的每年一次的审计、国家审计机关每隔几年对行政事业单位进行的财务收支审计等。而不定期审计是出于需要而临时安排进行的审计，如国家审计机关对被审计单位存在的严重违反财经法规行为突击进行的财经法纪专案审计；会计师事务所接受企业委托对拟收购公司的会计报表进行的审计；内部审计机构接受总经理指派对某分支机构经理人员存在的舞弊行为进行审查等。

5）按审计技术模式分类

按采用的技术模式，审计可以分为账项基础审计、系统基础审计和风险基础审计三种。这三种审计代表着审计技术的不同发展阶段，即使在审计技术十分先进的国家也往往同时采用。无论采用何种审计技术模式，在会计报表审计中最终都要用到许多共同的方法来检查报表项目金额的真实、公允性。

（1）账项基础审计。账项基础审计是审计技术发展的第一阶段，它是指顺着或逆着会计报表的生成过程，通过对会计账簿和凭证进行详细审阅，对会计账表之间的勾稽关系进行逐一核实，来检查是否存在会计舞弊行为或技术性措施。在进行财务报表审计，特别是专门的舞弊审计时，采用这种技术有利于作出可靠的审计结论。

（2）系统基础审计。系统基础审计是审计技术发展的第二阶段，它建立在健全的内部控制系统可以提高会计信息质量的基础上。即首先进行内部控制系统的测试和评价，当评价结果表明被审计单位的内部控制系统健全且运行有效、值得信赖时，可以在随后对报表项目的实质性测试工作中仅抽取小部分样本进行审查；相反，则需扩大实质性测试的范围。这样能够提高审计的效率，有利于保证抽样审计的质量。

（3）风险基础审计。风险基础审计是审计技术的最新发展阶段。采用这种审计技术时，审计人员一般从对被审计单位委托审计的动机、经营环境、财务状况等方面进行全面的风险评估出发，利用审计风险模型，规划审计工作，积极运用分析性复核，力争将审计风险控制在可以接受的水平上。

6）按执行地点分类

按执行地点可以分为报送审计和就地审计。

（1）报送审计。报送审计又称送达审计，是指被审计单位按照审计机关的要求，将需要审查的全部资料送到审计机关所在地就地进行的审计。这是政府审计机关进行审计的重要方式。这种审计方法的优点是省时、省力；缺点是不易发现被审计单位的实际问题，不便于用观察的方法或盘点的方法进一步审查取证，从而使审计的质量受到一定的影响。

（2）就地审计。就地审计又称现场审计，是审计机构派出审计小组和专职人员到被审计单位现场进行的审计。它是国家审计机关、民间审计组织和内部审计部门进行审计的主要类型。对企业来说，产品生产成本的核算是确定企业应纳税所得额的关键。由于企业的生产过程涉及大量的对内、对外业务，并且有一定的专业技术包含其中，因此往往成为企业所得税审计的难点，也是审计人员最感头痛之处。所以，我们在审计过程中，首先应该了解企业有关生产成本控制的内部管理体系是否合理。包括了解企业是否有专职会计进行成本核算；内部凭证制度是否健全，凭证的种类、内容、编号是否符合会计处理要求；簿记和报表的记录和制定是否及时、完整；凭证、账册、报表三者之间有无严格的核对制度；资产盘点制度是否按期完成；另外，还应了解企业成本核算的流程。通过上述一系列的调查摸底，确定企业成本核算的可信赖度，然后根据可信赖度的不同，搭配审计人员，组成不同的审计小组进行审查。

4. 审计的起源与发展

1）中国的审计发展

（1）古代审计学。尽管在中国古代审计理论主要表现为一些片断的思想，但是依然能够梳理出古代审计的思想脉络。我国审计思想萌芽于西周，成长于秦汉，成熟于隋唐，具有明显增加的制度性特征。

我国是世界上最早建立审计制度的国家。早在西周时期就有了审计制度；周朝以后审计制度日臻完善，出现了"上计制度"，皇帝亲自参加听取财政、会计的报告；秦汉时，设御史，检查监督财政收支；隋唐时，设比部，隋朝时的比部属尚书省，唐朝时的比部属刑部，这就意味着审计机构有直接治罪的权力；宋朝时，宋太祖淳化三年，设审计院，这是世界上第一个以审计正式命名的国家审计机构，比国外以审计命名的国家审计机关要早700多年，宋太宗后期撤销了审计院，财政收支发生了很多问题，因此，在宋高宗建炎元年恢复了审计机构，改名"审计司"。元、明、清三代均未设立专门的审计机构，大部分审计职能并入御史监察机构。

（2）近代审计学。辛亥革命后，北京的北洋政府在1914年设立审计院，颁布《审计法》。1928年，南京国民政府设立审计院，后改为审计部隶属监察院。国民党政府的审计法几经修改，但由于当时的政治腐败、贪污横行，审计制度徒具形式，并没有发挥应有的经济监督作用。

第二次国内革命战争时期，在中国共产党领导下的革命根据地中，1932年成立中央苏维埃政府审计委员会以后，1934年颁布《审计法》，实行了审计监督制度。随后在山东、陕甘宁、晋绥等革命根据地，也建有审计机构，颁布审计法规，实施审计监督工作。革命根据地的审计制度，在战争年代对节约财政支出、保障战争供给、维护革命纪律、树立廉洁作风，起到了较好的作用。

（3）现代审计学。新中国成立以后，由于照搬苏联的模式，没有设立独立的审计机构，政府只能通过不定期的会计检查进行财税监督。"文化大革命"期间，更不存在独立的审计结构。1982年宪法规定要设立国家审计结构。1983年成立了国家审计署，在县以上的各级政府设置审计厅或局。1985年发布《国务院关于审计工作的暂行规定》，1988年颁布了《中华人民共和国审计条例》，1994年颁布了《中华人民共和国审计法》，从法律上确立了国家审计的地位。2006年修订并实施了新《审计法》。从1996年至今，国家审计署依据《审计法》制定、修订了一系列政府审计准则，由此中国国家审计进入振兴时期。

2）西方国家的审计发展

（1）西方国家的审计起源于16世纪的意大利。1851年，一批专业人员在威尼斯创立了威尼斯会计师协会，成为世界上第一个会计职业团体。当时地中海沿岸的商业城市已经比较繁荣，而威尼斯是地中海沿岸国家航海贸易最为发达的地区，是东西方贸易的枢纽，商业经营规模不断扩大。由于单个的业主难以向企业投入巨额资金，为适应筹集所需大量资金的需要，合伙制企业应运而生。合伙经营方式不仅提出了会计主体的概念，促进了复式簿记在意大利的产生和发展，也产生了对注册会计师审计的最初需求。尽管当时合伙制企业的合伙人都是出资者，但是有的合伙人参与企业的经营管理，有的合伙人则不参与，所有权和经营权开始分离。那些参与企业经营管理的合伙人有责任向不参与企业经营管理的合伙人证明合伙契约得到了认真履行，利润的计算与分配是正确、合理的，以保障全体合伙人的权利，进而保证合伙企业有足够的资金来源，使企业得以持续经营下去。在这种情况下，客观上需要独立的第三者对合伙企业进行监督、检查，人们开始聘请会计专家担任查账和公证的工作。这样，在16世纪意大利的商业城市中出现了一批具有良好的会计知识、专门从事查账和公证工作的专业人员，他们所进行的查账与公证，可以说是注册会计师审计的起源。随着此类专业人员的增多，他们于1581年在威尼斯创立了威尼斯会计协会。此后，米兰等城市的职业会计师也成立了类似的组织。

（2）西方国家的审计成形于 1844 年到 20 世纪的英国，被称为详细审计阶段。1844 年，英国第一部《公司法》颁布，标志着西方注册会计师审计的开端。1844 年，英国的公司法明确作出会计账目必须经股东中选出的监事进行审查的规定，又规定公司账目也可以聘请有会计职能的会计师协助办理。1853 年，在苏格兰的爱丁堡创立了世界上第一个职业会计师的专业团体，即"爱丁堡会计师协会"。

该阶段的主要特点有：审计对象是公司账目、审计目的是查错纠弊、审计方法是详细审计、审计报告使用人是公司的股东。

（3）20 世纪初美国的注册会计师审计快速发展，被称为资产负债表审计阶段。1916 年，美国成立注册会计师协会，并于 1917 年组织美国第一次注册会计师全国统考。这一阶段的特点是：审计对象是资产负债表、审计目的是判断信用、审计方法是抽样审计、审计报告使用人是债权人。

（4）全部财务报表审计成熟于 1929—1933 年的世界经济危机后。1929 年，美国爆发经济危机；1933 年，美国的《证券法》规定，在证券交易所上市的企业，财务报表必须接受注册会计师审计。这一阶段的特点是：审计对象是全部报表、审计目的是合法性公允性、审计方法是由制度基础审计转向风险导向审计并广泛使用计算机辅助审计、审计报告使用人是社会公众。

第二次世界大战以后，西方国家不仅在审计体制上有了较大的发展，在审计理论和实务上也有了较大的发展，即把经济监督和经济管理相互结合，从传统的财务审计向现代的三 E 审计、绩效审计方面发展。

5. 审计与会计

有人认为审计是从会计中派生出来的，其本质与会计有关。事实上，审计与会计是两种不同的但又有联系的社会活动。审计与会计的联系主要表现在：审计的主要对象是会计资料及其所反映的财政、财务收支活动。会计资料是审计的前提和基础。会计活动是经济管理活动的重要组成部分，会计活动本身就是审计监督的主要对象。中国古代的"听其会计"和西方国家的"听审"，都含有审查会计之意，检查会计资料只是审计的一种手段和方法。随着审计的发展，审计和会计的区别越来越突出，主要表现在：

（1）产生的前提不同。会计是为了加强经济管理，适应对劳动耗费和劳动成果进行核算和分析的需要而产生的；审计是因经济监督的需要，也即是为了确定经营者或其他受托管理者的经济责任的需要而产生的。

（2）两者性质不同。会计是经营管理的重要组成部分，主要是对生产经营或管理过程进行反映和监督；审计则处于具体的经营管理之外，是经济监督的重要组成部分，主要对财政、财务收支及其他经济活动的真实性、合法性和效益进行审查，具有外在性和独立性。

（3）两者对象不同。会计的对象主要是资金运动过程，也即是经济活动价值方面；审计的对象主要是会计资料和其他经济信息所反映的经济活动。

（4）方法程序不同。会计方法体系由会计核算、会计分析、会计检查三部分组成，包括记账、算账、报账、用账、查账等内容，其中会计核算方法包括设置账户、复式记账、填制凭证、登记账簿、成本计算、财产清查、会计报表等记账、算账和报账方法，其目的是为管理和决策提供必需的资料和信息；审计方法体系由规划方法、实施方法、管理方法等组成，而实施方法主要是为了确定审计事项，收集审计证据，对照标准评价提出审计报告与决定，使用资料检查法、实物检查法、审计调查法、审计分析法、审计抽样法等方法，其目的是完成审计任务。

（5）职能不同。会计的基本职能是对经济活动过程的记录、计算、反映和监督；审计的基本职能是监督，此外还包括评价和公证。会计虽然也具有监督职能，但这种监督是一种自我监督行为，主要通过会计检查来实现，会计检查或查账只是检查账目的意思，主要针对会计业务活动本身；而审计，既包含了检查会计账目，又包括了对计算行为及所有的经济活动进行实地考察、调查、分析、检验，即含审核稽查计算之意。会计检查只是各个单位财会部门的附带职能，而审计是独立于财会部分之外的专职监督检查。会计检查的目的主要是保证会计资料的真实性和准确性，其检查范围、深度、方式均受到限制，而审计的目的在于证实财政、财务收支的真实、合法、效益，审计检查会计资料只是实现审计目的的手段之一，但不是唯一手段。

任何审计都具有三个基本要素，即审计主体、审计客体和审计授权或委托人。审计主体，是指审计行为的执行者，即审计机构和审计人员，为审计第一关系人；审计客体，是指审计行为的接受者，即被审计的资产代管或经营者，为审计第二关系人；审计授权或委托人，是指依法授权或委托审计主体行使审计职责的单位或人员，为审计第三关系人。一般情况下，第三关系人是财产的所有者，而第二关系人是资产代管或经营者，它们之间有一种经济责任关系。第一关系人——审计组织或人员，在财产所有者、受托管理或经营者之间，处于中间人的地位，这要对两方面关系人负责，既要接受授权或委托对被审计单位提出的会计资料认真进行审查，又要向授权或委托审计人（即财产所有者）提出审计报告，客观、公正地评价受托代管或经营者的责任和业绩。因此，审计组织或审计人员进行审计活动，必须具有一定的独立性，不受其他方面的干扰或干涉，这是审计区别于其他管理的一个根本属性。

二、认识会计师事务所审计工作

1. 为什么会有审计

（1）所有权与经营权的相互分离。经营者和所有者目标不同，经营者（受托者）追求个人报酬最大化，所有者（委托者）追求企业利润最大化。也就是说，经营者希望以最少的劳动付出获取最大的劳动报酬，而所有者希望以最少的劳动报酬获得最大的营业利润。这两者本身并不完全矛盾，因为在一定程度上获得较大的利润就意味着可以获得更多的报酬。

（2）信息不对称。由于市场是不完全有效的，存在信息不对称：一方面，经营者掌握的企业的信息更加充分，而所有者只能通过经营者的报告对企业的状况有一个大致的了解，这样就可能出现如经营者私自占用企业资源的道德风险；另一方面，经营者的报酬取决于他的努力程度，但是所有者并不知道经营者付出劳动的数量与质量，只有经营者自己才心知肚明，这就是所谓的信息不对称。

（3）独立的第三方。所有权与经营管理权相分离便产生了委托与受托的关系，审计产生也即受托经济责任关系。在这种关系中，财产所有者为了保护其财产的安全、完整，就需要对受托管理者承担和履行管理财产收支和结果的经济责任实行监督。为了达到这一目的，财产所有者只有要求与责任双方不存在任何经济利益关系的独立的第三方对财产管理者的经济责任进行审查和评价，才能维护自己的正当权益和解除财产管理者的经济责任，于是便产生了审计。这是因为如果彼此之间存在着直接的经济利益关系，财产所有者自身对财产管理者的监督、检查便带有一定的主观性和片面性。因此，审计产生对财产管理者的监督检查，客观上要求与财产所有者和财产管理者都无利害关系的第三方来进行。

2. 审计是做什么的

审计的主要工作内容是：

审计资料，作出证据搜集及分析，以评估企业财务状况，然后就资料及一般公认准则之间的相关程度作出结论及报告。

检讨组织的运作程序及方法以评估其效率及效益；履行审计（遵行审计）；评估组织是否遵守由更高权力机构所制定的程序、守则或规条。

对财务报表进行审计，评估企业或团体的财务报表是否根据公认会计准则编制，一般由独立会计师进行。评估企业或机构的资讯系统的安全性、完整性、系统可靠性及一致性。

3. 审计报告的类型

（1）无保留意见的审计报告。无保留意见意味着注册会计师对被审计的会计报表，按照独立审计准则的要求进行审查后确认，被审计单位采用的会计处理方法遵循会计准则及有关规定，会计报表反映的内容符合被审计单位的实际情况。

（2）有保留意见的审计报告。注册会计师经过审计后，认为被审计单位的会计报表从总体上反映其是公平的，但有下列情况的，应当出具保留意见的审计报告：个别重大财务会计事项处理或者个别会计报表项目编制不符合《企业会计准则》和国家其他有关财务会计法律法规的规定，被审计单位拒绝进行调整。

（3）有否定意见的审计报告。否定意见与无保留意见相反。认为会计报表不能合法、公正和一致地反映被审计实体的财务状况、经营成果和现金流量。会计处理方法的选择严重违反《企业会计准则》和国家其他有关财务会计法律法规的规定，被审计单位拒绝进行调整。会计报表严重扭曲了被审计单位的财务状况、经营成果和现金流量的，被审计单位拒绝做出调整。

（4）无法表示意见的审计报告。这种审计报告不同于拒绝接受委托，它是审计人员执行了必要的审计程序后表达审计意见的一种方式。出具拒绝发表意见的审计报告，并非不愿发表意见。在审计的过程中，由于审计范围受到委托人、被审计单位或客观环境的严重限制，不能获取必要的审计证据，因此无法对会计报表整体反映发表审计意见时，应当出具无法表示意见的审计报告。

三、认识会计师事务所的审计工作

1. 审计初步准备阶段

（1）初步业务活动。

（2）订立业务委托合同。

（3）制定整体审计策略。

（4）制订具体审计计划。

（5）委托方召开项目启动会。

审计初步准备阶段涉及相关岗位、主要工作内容和工作要点见表1-1。

表 1-1

涉及角色	主要工作内容	工作要点
委托方、合伙人、审计部门经理、审计项目经理、审计助理	项目开发	通过项目邀请讨论会或项目招投标方式获得委托方的审计需求，熟悉委托方并与其建立联系
审计部门经理、审计项目经理、审计助理	了解项目背景资料	了解被审计单位的情况、行业情况、审计风险级别的划分
审计部门经理、审计项目经理	执行项目承接与保持评价程序	根据承接新客户、保持客户的划分执行不同的评价程序
审计部门经理、审计项目经理	与客户面谈	沟通项目情况，陈述接受项目的理由或不接受项目的理由
审计项目经理	编制业务保持评价表	填写业务保持评价表，汇总业务承接或业务保持评价中发现的风险因素，以指导总体审计策略和具体审计计划的编制
委托方、合伙人、审计部门经理、审计项目经理	签订业务约定书	约定审计机构和委托人权利、义务、违约责任和争议解决等内容
审计部门经理、审计项目经理	制定总体审计策略	主要进行重要性水平评定，以确定风险评估程序的性质、时间和范围；识别和评估重大错报风险；确定进一步审计程序的性质、时间和范围
审计项目经理、审计助理	具体审计计划	项目组讨论具体审计计划
审计项目经理、审计助理	编制具体审计计划的目标和要求	按底稿要求编制审计计划
审计项目经理、审计助理	风险评估程序	执行风险评估程序，包括询问被审计单位管理层和内部其他相关人员、分析程序、观察和检查
审计项目经理、审计助理	了解被审计单位及其环境	了解被审计单位及其环境，以足够识别和评估财务报表重大错报风险，设计和实施进一步审计程序
审计项目经理、审计助理	了解被审计单位整体层面的内部控制	了解和评价被审计单位内部控制的工作内容
审计项目经理、审计助理	了解重大交易业务流程和余额的内部控制	重点关注重大交易业务流程和余额的内部控制
委托方、审计部门经理、审计项目经理、审计助理	沟通审计计划	确认审计范围和时间，明确审计师与委托方在财务报表审计项目中的责任，建立沟通渠道，相互了解对审计计划中的重要事项进行汇报和说明，既体现会计师事务所的专业性和严谨性，也让双方对审计项目中可能发生的情况有所准备
委托方、合伙人、审计部门经理、审计项目经理、审计助理	变更与核对审计计划	如有审计计划变更，编制 B17 审计计划变更表、审计计划完成表，总体审计策略和具体审计计划获得合伙人的批准
审计项目经理、审计助理	计划审计工作阶段底稿	编制及整理计划审计工作阶段底稿
委托方、审计部门经理、审计项目经理、审计助理	项目经理完整项目方案	委托方召开项目启动会，项目经理讲解完整的项目方案

2. 现场审计阶段

（1）进入审计现场。

（2）形成审计工作底稿。

现场审计阶段涉及相关岗位、主要工作内容和工作要点见表1-2。

表 1-2

涉及角色	主要工作内容	工作要点
审计项目经理、审计助理、被审计单位	制定审计资料清单	制定审计资料清单，并发送至被审计单位
审计项目经理、审计助理、被审计单位	内控调查问卷及访谈	访谈管理层及各部门相关人员，了解被审计单位整体层面和业务流程层面内控，并填写调查问卷
审计项目经理、审计助理、被审计单位	资料收集	收集的企业资料包括未审报表、科目余额表、抽查的凭证和合同等
审计项目经理、审计助理	控制测试（按循环）	1. 一般审计工作均需要做控制测试，实务中小项目该部分控制测试可忽略，直接执行实质性程序即可识别是否存在错报风险 2. 控制测试按循环进行检查。控制测试是指用于评价内部控制在防止或发现并纠正认定层次重大错报方面的运行有效性的审计程序。控制运行有效性强调的是控制能够在各个不同时点按照既定设计得以一贯执行，这与"了解内部控制"不同。在了解内部控制确定控制是否得到执行时，只需要确定某项控制是否存在，被审计单位是否正在使用
审计项目经理、审计助理	采购与付款循环审计	了解、控制、测试采购与付款循环的内部控制
审计项目经理、审计助理	工薪与人事循环审计	了解、控制、测试工薪与人事循的内部控制
审计项目经理、审计助理	生产与仓储循环审计	了解、控制、测试生产与仓储循环的内部控制
审计项目经理、审计助理	销售与收款循环审计	了解、控制、测试销售与收款循环的内部控制
审计项目经理、审计助理	筹资与投资循环审计	了解、控制、测试筹资与投资循环的内部控制
审计项目经理、审计助理	固定资产和其他长期资本循环审计	了解、控制、测试固定资产和其他长期资本循环的内部控制
审计项目经理、审计助理	货币资金循环审计	了解、控制、测试货币资金循环的内部控制

涉及角色	主要工作内容	工作要点
审计项目经理、审计助理	实质性审计程序	包括检查、观察、询问、函证、重新计算、重新执行和分析程序等；实质性底稿目录项目很全，根据每次不同的审计项目，选择执行实质性审计程序
审计项目经理、审计助理	测算、函证、盘点表	实质性审计程序中所需的函证和盘点表，一般根据不同审计项目按需要填写
审计项目经理、审计助理	实质性审计程序——资产类	根据实质性底稿目录，勾选本次审计项目中所涉及的步骤
审计项目经理、审计助理	实质性审计程序——负债类	根据实质性底稿目录，勾选本次审计项目中所涉及的步骤
审计项目经理、审计助理	实质性审计程序——权益类	根据实质性底稿目录，勾选本次审计项目中所涉及的步骤
审计项目经理、审计助理	实质性审计程序——损益类	根据实质性底稿目录，勾选本次审计项目中所涉及的步骤
审计项目经理、审计助理	现金流量表审计	现金流量表的内容、性质和数额是否正确、合理、完整；现金流量表有关项目数额与其他报表及附注的勾稽关系是否正确；现金流量表各项目的披露是否恰当
审计项目经理、审计助理	特殊项目	特殊项目不是必需的审计程序，审计师可根据实际情况选择是否实施。一般只在涉及证券、期货、上市公司或大型集群项目中做特殊项目测试
委托方、审计部门经理、审计项目经理、审计助理	审计实施阶段的沟通	此阶段是沟通的主体环节，沟通工作的成功与否，一定程度上直接影响着审计的工作质量与效率，包括组织召开进度节点见面会和建立定期沟通机制
审计项目经理、审计助理	资料整理、数据处理、底稿形成	执行实质性程序形成的底稿（包括资产类、负债类、所有者权益类、损益类）；执行一般程序形成的底稿（包括与管理层的沟通，合并财务报表底稿、现金流量表底稿、控制测试底稿、特殊项目底稿等）

3. 审计完成阶段

（1）编制审计报告初稿。

（2）复核审计项目。

（3）签订管理层声明书。

（4）出具正式审计报告。

（5）编制审计完成阶段底稿。

审计完成阶段涉及相关岗位、主要工作内容和工作要点见表1-3。

表 1-3

涉及角色	主要工作内容	工作要点
审计项目经理、审计助理	编制试算平衡表	根据实质性审计工作，编写试算平衡表及对应附注，检查其逻辑关系
审计项目经理、审计助理	确定报表、形成审计报告初稿	根据审计报告模板出具本次审计业务的审计报告
委托方、审计部门经理、审计项目经理、审计助理	与管理层及治理层沟通	就有关问题与管理层及治理层沟通时，提交书面沟通函并获得管理层及治理层的确认
审计项目经理、审计项目经理	一级审核及答复	审计部门经理审核报告及底稿，审计项目经理答复
质量控制专家、审计项目经理	二级审核及答复	事务所质量控制复核人审核报告及底稿，审计项目经理答复
合伙人、审计项目经理	三级审核及答复	合伙人（主任会计师）审核报告及底稿，审计项目经理答复
委托方、审计项目经理	管理层声明书	管理层书面声明审计报告所涉及的事项真实性
合伙人、审计项目经理、审计助理	出具正式报告	合伙人签发报告并在报告中签字，项目经理在报告中签字
审计项目经理、审计助理	形成审计完成阶段底稿	按照底稿编制程序编制及整理审计完成阶段底稿

4. 审计终结

审计终结阶段涉及的相关角色、主要工作内容和工作要点见表1-4。

表 1-4

涉及角色	主要工作内容	工作要点
审计项目经理、审计助理	审计工作底稿的整理与归档	按照底稿归档标准整理、归档审计底稿
委托方、审计项目经理、审计助理	跟踪服务	与企业保持沟通，提供增值服务，包括审计报告披露后的事后沟通、审计报告披露后协助委托方做报告解读和审计报告披露后其他重大事项沟通

项目评价

项目1 · 认识审计工作

学生姓名				
实训日期				
实训地点			指导教师	

实训目标	内容	分值	自我评分	小组评分	教师评分	总分
知识目标（30分）	1. 明确审计的概念、特点和分类	10分				
	2. 了解审计的起源与发展	5分				
	3. 了解审计与会计的区别	5分				
	4. 掌握审计工作的四个阶段	10分				
技能目标（50分）	1. 能举例解释审计的概念和特点	20分				
	2. 能够描述审计工作的四个阶段及其具体内容	30分				
素养目标（20分）	1. 初步形成对审计的好奇心和学习兴趣	10分				
	2. 培养学生客观、公正、独立的审计职业道德	5分				
	3. 培养学生求真、求实的科学态度	5分				
自我反思						
小组评价			综合得分			
教师评价						

即测即练

项目 2　认识综合实训

学习目标

知识目标

1. 熟悉审计单位资料。

2. 了解被审计单位基本资料。

技能目标

1. 能够说出审计项目组的主要岗位。

2. 能够搜集完整的被审计单位初始资料。

素养目标

1. 初步形成对综合实训的好奇心和学习兴趣。

2. 培养认真、细心的工作态度。

学习重点

理解审计资料内容。

学习难点

被审计单位资料的搜集和应用。

一、审计资料

2017 年 11 月 20 日，诚信会计师事务所审计八部承接了湖北蓝天通信科技股份有限公司（以下简称蓝天通信）2018 年的年报审计业务。自 2015 年首次承接（系通过外部人员引荐）蓝天通信年报审计业务以来，该事务所已连续多次承接该业务。诚信会计师事务所接受委托后，组建了包含事务所合伙人在内的项目组，开展蓝天通信的年报审计工作，项目组主要成员见表 2 - 1。

表 2-1

编号	名称	岗位	授权	备注
01	张刚	合伙人	三级复核	
02	秦山	项目经理	二级复核	
03	张聚英	质控负责人	质量控制复核	在审计实操中，承接人员姓名为立项人姓名
04	梁涛	审计人员 A	编制、一级复核	
05	李梦	审计人员 B	编制	
06	费梦珂	审计人员 C	编制	

审计收费：人民币 20 万元。

风险等级：经评估，项目风险等级为 B 级。

出具审计报告时间：2018 年 3 月 20 日前出具审计报告。

二、被审计单位基本资料

蓝天通信创建于 2001 年，于武汉市工商管理机构注册登记，注册资本为壹亿叁仟捌佰万元，是由蓝天电工股份有限公司投资兴建的民营高科技企业。蓝天通信现有职工 333 人，被主管税务机关核准为一般纳税人。

公司是从事铝型材加工、铝包钢、光纤复合架空线、电力光缆及其他复合材料的开发和生产的有限责任公司。经营范围包括光纤复合地线、电力光缆、铝型材及其复合材料（铝包钢）研制、开发、生产、批发兼零售、技术咨询服务；各类商品的进出口贸易（国家限定公司经营和国家禁止进出口的商品除外）。主要产品为铝包钢单丝、铝包钢绞线及铝包钢芯铝绞线、光缆等。蓝天通信属电线电缆制造行业。

关于行业状况、法律环境与监管环境以及其他外部因素，蓝天通信属于一般制造业，适用企业会计准则（已经执行新金融准则），法律和监管环境成熟。国家发展和改革委员会对电线电缆行业实施宏观调控；国家质量监督检验检疫总局按照《工业产品生产许可证发证产品目录》对目录内的电线电缆产品实行生产许可证制度；中国质量认证中心按照《实施强制性产品认证的产品目录》对目录内电线电缆产品实行强制认证（CCC 认证），确保产品的安全性。中国机械工业联合会下属的中国电器工业协会电线电缆分会和中国电子元件行业协会光电线缆及光器件分会是我国电线电缆行业的自律管理机构。2006 年 12 月，国家质量监督检验检疫总局、国家发展和改革委员会下发《关于工业产品生产许可工作中严格执行国家产业政策有关问题的通知》，规定凡申请生产电线电缆产品的企业应按规定合法生产并按要求提供证明文件。2013 年 4 月，国家质量监督检验检疫总局颁布了《电线电缆产品生产许可证实施细则（2013）》，规定在中华人民共和国境内生产本实施细则规定的电线电缆产品的，应当依法取得生产许可证，任何企业未取得生产许可证不得生产本实施细则规定的电线电缆产品。

公司的战略目标及相关的经营风险：电线电缆产业肩负着电力和通信两大国民经济支柱行业的配套职能，在国民经济中占有极其重要的地位。从市场结构看，我国电线电缆行业集中度低，产品主要集中在中低端市场，市场竞争日益激烈，目前小型企业在我国电线电缆行业处于主导地位；从产品结构看，核电用电缆、军工电缆、超导电缆、机车电缆等高端电线电缆产品技术含量高，生产工艺复杂，存在较高的进入壁垒，由少量外资、合资企业和内资龙头企业所垄断，低端产品产能过剩、竞争激烈，中端产品竞争激烈程度介于低端与高端产品之间，处于中等水平。

1. 企业基本情况

企业名称：湖北蓝天通信科技股份有限公司

简　　称：蓝天通信

地　　址：总部地址为武汉经济技术开发区 22 号

邮　　编：430100

法人代表：李正宏

联 系 人：胡翔

联系人电话：027 – 88000117

开户银行：中国银行开发区支行人民币（基本存款账户）

账　　号：349234008563

电　　话：（027）85675327

社会信用代码：A11578965832178963

传　　真：（027）65378761

E – mail：WHIS@yh. com. cn

记账本位币：人民币

人民币单位：元

注册资本：13800 万人民币

行　　业：一般制造业

类　　型：大中型企业

2. 公司组织结构图

公司组织结构图如图2-1所示。

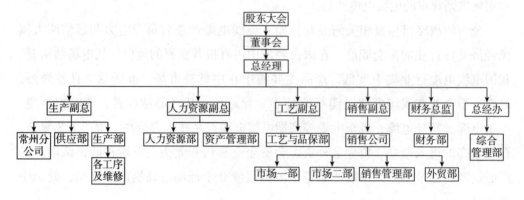

图　2-1

3. 主要会计政策

1）记账基础

公司以权责发生制为记账基础，采用人民币为记账本位币，会计期间自公历1月1日至12月31日止为一个会计年度。

在对会计要素进行计量时，一般采用历史成本；对于按照准则的规定采用重置成本、可变现净值、现值或公允价值等其他属性进行计量的情形，公司将予以特别说明。以摊余成本计量的金融资产包括货币资金、应收票据、应收账款、其他应收款、长期应收款、债权投资等。

2）应收账款

单项金额重大的应收款项的确定标准：对单项金额超过5000万元的应收账款单独确定其信用损失。

以账龄为组合标准的分析法，账龄及坏账准备计提比例见表2-2。

表　2-2

	账龄	坏账准备计提比例	备注
账龄分析法计提比例	1年以内	2.00%	
	1~2年	5.00%	
	2~3年	10.00%	
	3~4年	30.00%	
	4~5年	60.00%	
	5年以上	100.00%	

关联方单位不计提坏账。

其他应收款坏账计提方法与应收账款一致。

3）存货

（1）存货的分类。存货是指公司在日常活动中持有以备出售的产成品或商品、处在生产过程中的在产品、在生产过程或提供劳务过程中耗用的材料和物料等。主要包括原材料、周转材料、委托加工材料、在产品、自制半成品、产成品（库存商品）、发出商品等。

（2）存货的计价方法。存货盘存制度采用永续盘存制，存货在取得时，按成本进行初始计量，包括采购成本、加工成本和其他成本。存货发出时按加权平均法计价。

（3）低值易耗品和包装物的摊销方法。低值易耗品采用一次转销法，包装物采用一次转销法，其他周转材料采用一次转销法摊销。

（4）存货可变现净值的确定依据及存货跌价准备的计提方法。期末对存货进行全面清查后，按存货的成本与可变现净值孰低提取或调整存货跌价准备。产成品、库存商品和用于出售的材料等直接用于出售的商品存货，在正常生产经营过程中，以该存货的估计售价减去估计的销售费用和相关税费后的金额，确定其可变现净值；需要经过加工的材料存货，在正常生产经营过程中，以所生产的产成品的估计售价减去至完工时估计将要发生的成本、估计的销售费用和相关税费后的金额，确定其可变现净值；为执行销售合同或者劳务合同而持有的存货，其可变现净值以合同价格为基础计算，若持有存货的数量多于销售合同订购数量的，超出部分的存货的可变现净值以一般销售价格为基础计算。

期末按照单个存货项目计提存货跌价准备；但对于数量繁多、单价较低的存货，按照存货类别计提存货跌价准备；与在同一地区生产和销售的产品系列相关、具有相同或类似最终用途或目的，且难以与其他项目分开计量的存货，则合并计提存货跌价准备。

以前减记存货价值的影响因素已经消失的，减记的金额予以恢复，并在原已计提的存货跌价准备金额内转回，转回的金额计入当期损益。

4）无形资产

无形资产是指蓝天通信拥有或者控制的没有实物形态的可辨认非货币性资产，包括土地使用权、软件、专利权、商标权。对于使用寿命有限的无形资产，在为企业带来经济利益的期限内按直线法摊销，无形资产净残值按 0 计算。

无形资产的使用年限见表 2 - 3。

表 2 - 3

类别	预计使用年限	依据
软件	5 年	预计使用年限
专利权	10 年	预计使用年限
土地使用权	43 年	土地使用权证载明使用年限
商标权	10 年	预计使用年限

5）固定资产

（1）固定资产确认条件。固定资产是指为生产商品、提供劳务、出租或经营管理而持有，并且使用寿命超过一个会计年度的有形资产。固定资产在同时满足下列条件时予以确认：

①与该固定资产有关的经济利益很可能流入企业。

②该固定资产的成本能够可靠地计量。

（2）固定资产初始计量。公司固定资产按成本进行初始计量，其中：

外购的固定资产的成本包括买价、进口关税等相关税费，以及使固定资产达到预定可使用状态前所发生的，可直接归属于该资产的其他支出。

自行建造固定资产的成本，由建造该项资产达到预定可使用状态前所发生的必要支出构成。

投资者投入的固定资产，按投资合同或协议约定的价值作为入账价值，但合同或协议约定价值不公允的按公允价值入账。

购买固定资产的价款超过正常信用条件延期支付，实质上具有融资性质的，固定资产的成本以购买价款的现值为基础确定。实际支付的价款与购买价款的现值之间的差额，除应予资本化的以外，在信用期间内计入当期损益。

（3）固定资产后续计量及处置。

①固定资产折旧。除已提足折旧仍继续使用的固定资产和单独计价入账的土地之外，固定资产折旧采用年限平均法分类计提，根据固定资产类别、预计使用寿命和预计净残值率确定折旧率。

利用专项储备支出形成的固定资产，按照形成固定资产的成本冲减专项储备，并确认相同金额的累计折旧。该固定资产在以后期间不再计提折旧。

公司根据固定资产的性质和使用情况，确定固定资产的使用寿命和预计净残值，并在年度终了，对固定资产的使用寿命、预计净残值和折旧方法进行复核，如与原先估计数存在差异的，进行相应的调整。

各类固定资产折旧年限和年折旧率见表 2 - 4。

表 2-4

类别	折旧年限	残值率	年折旧率
房屋及建筑物	10~50 年	4.00%	2.00%~10.00%
机器设备	10~15 年	4.00%	6.67%~10.00%
电子设备	3~8 年	4.00%	12.50%~33.33%
运输设备	5~10 年	4.00%	10.00%~20.00%
其他设备	5~10 年	4.00%	10.00%~20.00%

②固定资产的后续支出。与固定资产有关的后续支出，符合固定资产确认条件的，计入固定资产成本；不符合固定资产确认条件的，在发生时计入当期损益。

③固定资产处置。当固定资产被处置、预期通过使用或处置不能产生经济利益时，终止确认该固定资产。固定资产出售、转让、报废或毁损的处置收入扣除其账面价值和相关税费后的金额计入当期损益。

6）长期待摊费用。长期待摊费用是指已经发生但应由本期和以后各期负担的分摊期限在1年以上的各项费用。长期待摊费用在受益期内按直线法分期摊销，其摊销年限见表2-5。

表 2-5

类别	摊销年限	备注
装修费	5 年	
租赁费	租赁年限	
其他	2 年	

7）借款费用

（1）借款费用资本化的确认原则。公司发生的借款费用，可直接归属于符合资本化条件的资产的购建或者生产的，予以资本化，计入相关资产成本；其他借款费用，在发生时根据其发生额确认为费用，计入当期损益。

符合资本化条件的资产是指需要经过相当长时间的购建或者生产活动才能达到预定可使用或者可销售状态的固定资产、投资性房地产和存货等资产。

借款费用同时满足下列条件时开始资本化：

①资产支出已经发生。资产支出包括为购建或者生产符合资本化条件的资产而以支付现金、转移非现金资产或者承担带息债务形式发生的支出。

②借款费用已经发生。

③为使资产达到预定可使用或者可销售状态所必要的购建或者生产活动已经开始。

（2）借款费用资本化期间。资本化期间是指从借款费用开始资本化时点到停止资本化时点的期间，借款费用暂停资本化的期间不包括在内。

当购建或者生产符合资本化条件的资产达到预定可使用或者可销售状态时，借款费用停止资本化。

当购建或者生产符合资本化条件的资产中部分项目分别完工且可单独使用时，该部分资产借款费用停止资本化。

购建或者生产的资产的各部分分别完工，但必须等到整体完工后才可使用或可对外销售的，在该资产整体完工时停止借款费用资本化。

（3）暂停资本化期间。符合资本化条件的资产在购建或生产过程中发生非正常中断且中断时间连续超过 3 个月的，则借款费用暂停资本化；如该项中断是所购建或生产的符合资本化条件的资产达到预定可使用状态或者可销售状态必要的程序，则借款费用继续资本化。在中断期间发生的借款费用确认为当期损益，直至资产的购建或者生产活动重新开始后借款费用继续资本化。

（4）借款费用资本化金额的计算方法。专门借款的利息费用（扣除尚未动用的借款资金存入银行取得的利息收入或者进行暂时性投资取得的投资收益）及其辅助费用，在所购建或者生产的符合资本化条件的资产达到预定可使用或者可销售状态前，予以资本化。

根据累计资产支出超过专门借款部分的资产支出加权平均数，乘以所占用一般借款的资本化率，计算确定一般借款应予资本化的利息金额。资本化率根据一般借款加权平均利率计算确定。借款存在折价或者溢价的，按照实际利率法确定每一会计期间应摊销的折价或者溢价金额，调整每期利息金额。

8）职工薪酬

职工薪酬是指为获得职工提供的服务或解除劳动关系而给予的各种形式的报酬或补偿。职工薪酬包括短期薪酬、离职后福利、辞退福利和其他长期职工福利。

短期薪酬是指在职工提供相关服务的年度报告期间结束后十二个月内需要全部予以支付的职工薪酬，离职后福利和辞退福利除外。公司在职工提供服务的会计期间，将应付的短期薪酬确认为负债，并根据职工提供服务的受益对象计入相关资产成本和费用。短期薪酬包括职工工资、奖金、津贴、补贴、职工福利费、社会保险、住房公积金、工会经费、职工教育经费、短期带薪缺勤等。

离职后福利是指为获得职工提供的服务而在职工退休或与企业解除劳动关系后，提供的各种形式的报酬和福利，短期薪酬和辞退福利除外。离职后福利计划分为设定提存计划和设定受益计划。离职后福利设定提存计划主要为参加由各地劳动及社会保障机构组织实施的社会基本养老保险、失业保险等；在职工为公司提供服务的会计期间，将根据设定提存计划计算的应缴存金额确认为负债，并计入当期损益或相关资产成本。公司按照国家规定的标准和年金计划定期缴付上述款项后，不再有其他的支付义务。离职后福利设定受益计划主要包括为离退休人员支付的明确标准的统筹外福利、为去世员工遗属支付的生活费等。对于设定受益计划中承担的义务，在资产负债表日由独立精算师使用预期累计福利单位法进行精算，将设定受益计划产生的福利义务归属于职工提供服务的期间，并计入当期损益或相关资产成本。其中，除非其他会计准则要求或允许职工福利成本计入资产成本，设定受益计划服务成本和设定受益计划净负债或净资产的利息净额在发生当期计入当期损益；重新计量设定受益计划净负债或净资产所产生的变动在发生当期计入其他综合收益，且在后续会计期间不允许转回至损益。

辞退福利是指公司在职工劳动合同到期之前解除与职工的劳动关系，或者为鼓励职工自愿接受裁减而给予职工的补偿，在公司不能单方面撤回解除劳动关系计划或裁减建议时和确认与涉及支付辞退福利的重组相关的成本费用时两者孰早日，确认因解除与职工的劳动关系给予补偿而产生的负债，同时计入当期损益。

公司向接受内部退休安排的职工提供内退福利。内退福利是指向未达到国家规定的退休年龄、经公司管理层批准自愿退出工作岗位的职工支付的工资及为其缴纳的社会保险费等。公司自内部退休安排开始之日起至职工达到正常退休年龄止，向内退职工支付内部退养福利。对于内退福利，公司比照辞退福利进行会计处理，在符合辞退福利相关确认条件时，将自职工停止提供服务日至正常退休日期间拟支付的内退职工工资和缴纳的社会保险费等，确认为负债，一次性计入当期损益。内退福利的精算假设变化及福利标准调整引起的差异于发生时计入当期损益。

其他长期职工福利是指除短期薪酬、离职后福利、辞退福利之外的其他所有职工福利。

对符合设定提存计划条件的其他长期职工福利，在职工为公司提供服务的会计期间，将应缴存金额确认为负债，并计入当期损益或相关资产成本；除上述情形外的其他长期职工福利，在资产负债表日由独立精算师使用预期累计福利单位法进行精算，将设定受益计划产生的福利义务归属于职工提供服务的期间，并计入当期损益或相关资产成本。

9）收入

（1）销售商品收入确认时间的具体判断标准。销售商品收入同时满足下列条件时，可予以确认：公司已将商品所有权上的主要风险和报酬转移给购买方；公司既没有保留与所有权相联系的继续管理权，也没有对已售出的商品实施有效控制；收入的金额能够可靠地被计量；相关的经济利益很可能流入企业；相关的已发生或将发生的成本能够可靠地被计量。

合同或协议价款的收取采用递延方式，实质上具有融资性质的，按照应收的合同或协议价款的公允价值确定销售商品收入金额。

（2）确认让渡资产使用权收入的依据。与交易相关的经济利益很可能流入企业，收入的金额能够可靠地被计量时，分下列情况确定让渡资产使用权收入金额：①利息收入金额，按照他人使用本企业货币资金的时间和实际利率计算确定。②使用费收入金额，按照有关合同或协议约定的收费时间和方法计算确定。

（3）提供劳务收入的确认依据和方法。在资产负债表日提供劳务交易的结果能够可靠估计的，采用完工百分比法确认提供劳务收入。提供劳务交易的完工进度，依据已完工作的测量确定。提供劳务交易的结果能够可靠估计，是指同时满足下列条件：①收入的金额能够可靠地被计量。②相关的经济利益很可能流入企业。③交易的完工进度能够可靠地确定。④交易中已发生和将发生的成本能够可靠地被计量。

按照已收或应收的合同或协议价款确定提供劳务收入总额，但已收或应收的合同或协议价款不公允的除外。在资产负债表日按照提供劳务收入总额乘以完工进度扣除以前会计期间累计已确认提供劳务收入后的金额，确认当期提供劳务收入；同时，按照提供劳务估计总成本乘以完工进度扣除以前会计期间累计已确认劳务成本后的金额，结转当期劳务成本。

在资产负债表日提供劳务交易结果不能够可靠估计的，分下列情况处理：

一是已经发生的劳务成本预计能够得到补偿的，按照已经发生的劳务成本金额确认提供劳务收入，并按相同金额结转劳务成本。

二是已经发生的劳务成本预计不能够得到补偿的，将已经发生的劳务成本计入当期损益，不确认提供劳务收入。

公司与其他公司签订的合同或协议包括销售商品和提供劳务时，销售商品部分和提供劳务部分能够区分且能够单独计量的，将销售商品的部分作为销售商品处理，将提供劳务的部分作为提供劳务处理。销售商品部分和提供劳务部分不能够区分，或虽能区分但不能够单独计量的，将销售商品部分和提供劳务部分全部作为销售商品处理。

（4）附回购条件的资产转让。公司销售产品或转让其他资产时，与购买方签订了所销售的产品或转让资产回购协议，根据协议条款判断销售商品是否满足收入确认条件。如售后回购属于融资交易，则在交付产品或资产时，公司不确认销售收入。回购价款大于销售价款的，差额在回购期间按期计提利息，计入财务费用。

10）主要税种及税率

主要税种及税率见表2－6。

表 2－6

税种	纳税（费）基础	税（费）率	
增值税	境内销售；提供加工、修理修配劳务；提供有形动产租赁服务	13.00%	
城建税	实缴流转税额	7.00%	
教育费附加	实缴流转税额	3.00%	
地方教育费附加	实缴流转税额	1.50%	
企业所得税	应纳税所得额	25.00%	
房产税	按照房产原值的70%（或租金收入）为纳税基准	1.2%或12%	
车船税	车辆每辆	每年按照减征后税额750元缴纳	车船税按年计征
印花税	购销合同、加工承揽合同、财产租赁合同、货物运输合同、借款合同、财产保险合同金额	税（费）率分别为0.03%、0.05%、0.1%、0.05%、0.005%、0.1%	1. 印花税按月缴纳；2. 假定被审计单位在审计月份所有真实经济业务都有签订经济合同

项目评价

项目2　认识综合实训

学生姓名			
实训日期			
实训地点		指导教师	

实训目标	内容	分值	自我评分	小组评分	教师评分	总分
知识目标（30分）	1. 熟悉审计单位资料	10分				
	2. 了解被审计单位基本资料	20分				
技能目标（50分）	1. 能够说出审计项目组主要岗位	20分				
	2. 能够搜集完整的被审计单位初始资料	30分				
素养目标（20分）	1. 初步形成对综合实训的好奇心和学习兴趣	10分				
	2. 培养学生认真细心的工作态度	10分				
自我反思						
小组评价		综合得分				
教师评价						

即测即练

实　操　篇

项目 3　了解被审计单位及其环境

学习目标

知识目标：

1. 熟悉审前尽职调查的含义、内容及方法。

2. 了解被审计单位内外环境相关内容。

3. 了解被审计单位整体层面内部控制相关内容。

4. 了解被审计单位具体业务层面内部控制相关内容。

技能目标：

1. 能熟练进行审前尽职调查，确定调查内容，优选调查方法，并将调查结果录入中联智能审计平台。

2. 能熟练利用大数据审计分析技术、国家企业信用信息公示系统以及风险评估方法，调查被审计单位内外因素，并将调查结果录入中联智能审计平台。

3. 能熟练调查被审计单位整体层面内部控制，并将调查结果录入中联智能审计平台。

4. 能熟练调查被审计单位具体业务层面内部控制，执行穿行测试程序，并将调查结果录入中联智能审计平台。

5. 在对被审计单位及其环境各方面进行了解、识别和评估重大错报风险时，能够考虑各因素之间的相互关系。

素养目标：

1. 学习《中国注册会计师审计准则第 1211 号——通过了解被审计单位及其环境识别和评估重大错报风险》，提高专业胜任能力。

2. 通过对被审计单位内外环境及其关系的了解，构建宏观观念、培养中观思维及微观视角，全方位了解被审计单位。

3. 通过对被审计单位财务报告、关键业绩指标、发展趋势的计算、分析，培养认真、严谨的工作作风。

4. 通过搜集、检索、筛查、分析被审计单位内外环境及其关系的信息，洞察关键、明晰重点，培养实事求是、客观公正的态度。

情景概览

　　项目经理结合中联智能审计平台中"数据准备－业务数据查询"的相关资料，利用大数据审计分析等智能工具，分别针对企业财务状况、行业基本数据、企业购销模式和企业税费进行调查。

学习重点

　　1. 了解审前尽职调查。
　　2. 识别被审计单位及其经营环境。
　　3. 了解整体层面内部控制。
　　4. 了解业务流程层面内部控制。

学习难点

　　1. 了解整体层面内部控制。
　　2. 了解业务流程层面内部控制。

德技并修

　　1. 知己知彼，百战不殆

　　《孙子·谋攻篇》中说："知己知彼，百战不殆。"意思是说，在军事纷争中，既了解敌人，又了解自己，百战都不会失败。在财务报表审计中，如果把被审计单位财务报表中可能存在的重大错报风险比作"敌人"，那么审计人员在审计工作伊始要做的就是"知己知彼"，要派出"密探"去刺探敌军情报，在刺探的过程中打探到各种有用消息。通过了解被审计单位及其环境，识别出被审计单位财务报表错报风险藏身何处、是否重大，评估出其发生的可能性，审计人员才能有的放矢地选择审计程序，搜集审计证据，进而得出审计结论。

　　2. 思考与践行

　　在风险导向审计模式下，对被审计单位重大错报风险的识别、评估和应对是审计人员财务报表审计工作的主线。审计人员应当运用多种程序，充分了解被审计单位及其环境，以有效识别和评估被审计单位的重大错报风险，为风险应对打好基础。

　　当今世界，经济发展日新月异，数据信息铺天盖地，企业经济业务复杂多变。而且被审计单位及其环境的各个方面彼此联系、相互影响。审计人员在了解被审计单位及其环境的过程中，应该贯穿崇尚劳动的劳动精神、精益求精的工匠精神、爱岗敬业的劳模精神，遵循诚信、客观公正、勤勉尽责等原则，充分考虑各方面因素的相互关系，利用大数据、人工智能等先进技术手段在海量的信息中搜集、分析、整理出有用的信息，为我所用。中国注册会计师协会发布的行业十四五规划中提出了"标准化、数字化、网络化、智能化"的战略布局。大数据审计时代已经到来，我们不仅要会用、善用大数据带来的便利，更要具备"以审计精神立身、以创新规范立业、以自身建设立信"的核心素养，精益求精，不断进取。

知识准备

1. 提前了解风险导向型审计方法（见右上二维码）。

2. 提前了解学习《中国注册会计师审计准则第 1211 号——通过了解被审计单位及其环境识别和评估重大错报风险》（见右下二维码）。

业务3–1　审前尽职调查

业务场景

项目经理结合中联智能审计平台中"数据准备–业务数据查询"的相关资料，利用大数据审计分析等智能工具，分别针对企业财务状况、行业基本数据、企业购销模式和企业税费进行调查。

业务目标

项目经理完成蓝天通信 AB–2 审前尽职调查工作底稿编制。

业务涉及岗位

项目经理。

业务要求

完成蓝天通信 AB–2 审前尽职调查工作底稿编制。

业务实施

一、审前尽职调查工作流程

审前尽职调查工作流程，如图3-1所示。

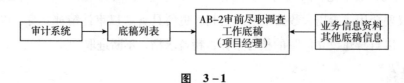

图 3-1

二、操作指导

步骤1：在中联教育系统中，单击左侧"被审计单位及环境了解"，然后单击右侧"业务1，审计前尽职调查"，了解业务背景和要求后，单击下方"智能审计"按钮，进入审计系统页面，如图3-2所示。

图 3-2

步骤2：在"项目列表"页面找到需要审计的单位"湖北蓝天通信科技股份有限公司"，单击"进入"，如图3-3所示。

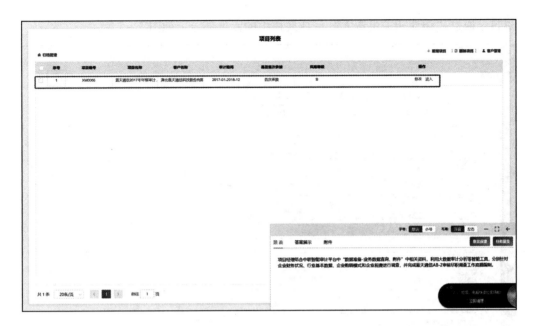

图 3-3

步骤3：在"工作底稿"页面中，单击左上角"底稿列表"按钮，单击"A-计划于风险识别工作底稿"前下拉按钮，选择需要操作的底稿"AB-了解被审计单位业务"下的"AB-2审前尽职调查工作底稿"，如图3-4所示。

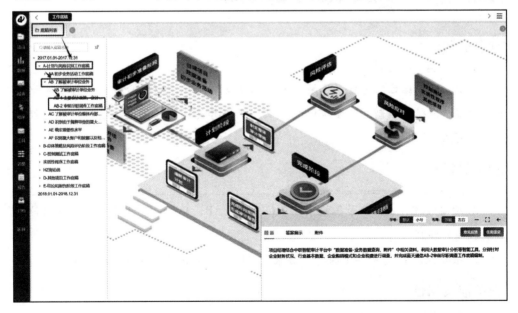

图 3-4

步骤4：进入"AB-2审前尽职调查工作底稿"页面后，利用企业提供的背景资料，通过"访谈相关负责人"完成底稿中的蓝色部分，如图3-5所示。

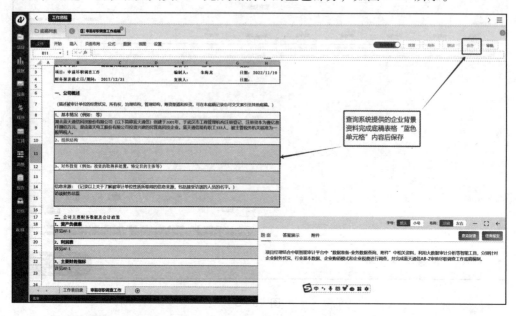

图 3-5

业务3-2 审前尽职调查工作情况

业务场景

目前，项目组已经完成了了解蓝天通信及其所处环境、风险评估、控制测试和实质性程序底稿的编制，对于审计过程中发现的需要调整的事项，项目经理已经按照循环完成。

业务目标

1. 项目经理完成 AB 了解被审计单位业务、AB-1 主要会计政策、会计估计调查表底稿的编制。

2. 项目经理完成 AF-1 执行财务报表风险评估分析性程序底稿的编制。

业务涉及岗位

项目经理。

业务要求

1. 根据审计平台中的附件资料，项目经理完成 AB 了解被审计单位业务、AB-1 主要会计政策、会计估计调查表底稿的编制。

2. 根据审计平台中"审计工具—大数据审计分析"工具，项目经理完成 AF-1 执行财务报表风险评估分析性程序底稿的编制。

业务提示

1. 在编制审计底稿时只需根据了解到的企业信息填写即可。

2. 运用大数据审计分析工具创建数据集时，只选择"2017 年 A 股上市公司财务数据"即可。

3. 计算指标用全年平均值的，直接用期末数即可，蓝天通信的申万行业名称属于电气设备—高低压设备—线缆部件及其他。

4. 行业指标需完成流动比率、速动比率、已获利息倍数、存货周转率、应收账款周转率、资产负债率、资产权益率、销售毛利率指标。

业务实施

一、审前尽职调查工作流程

审前尽职调查工作流程，如图 3-6 所示。

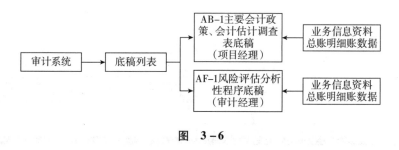

图　3-6

二、操作指导

步骤1：在中联教育系统中，单击"被审计单位及环境了解"—"业务2，审计前尽职调查"，了解清楚业务背景和要求后，单击"智能审计"按钮，进入审计系统页面。

步骤2：在"项目列表"页面找到需要审计的单位"湖北蓝天通信科技股份有

限公司",单击"进入"。

步骤3：在"工作底稿"页面中，单击"底稿列表"按钮，单击"A－计划于风险识别工作底稿"前下拉按钮，选择需要操作的底稿"AB－了解被审计单位业务"下的"AB－1主要会计政策、会计估计调查表"。

步骤4：进入"AB－1主要会计政策、会计估计调查表"页面后，利用企业提供的背景资料，通过"访谈相关负责人"完成底稿中的蓝色部分。

注：以上操作参照"业务一"的操作流程进行。

步骤5：进入"AF－1执行财务报表风险评估分析性程序底稿"页面后，需要完成五张分析表，分别是资产负债表分析、利润表分析、现金流量表分析、比率趋势分析表（1）和比率趋势分析表（2）。利用企业提供的"2017年未审报表"，完成资产负债表分析、利润表分析、现金流量表分析的蓝色部分。运用大数据审计分析工具，完成比率趋势分析表（1）和比率趋势分析表（2）底稿中的蓝色部分，如图3－7所示。

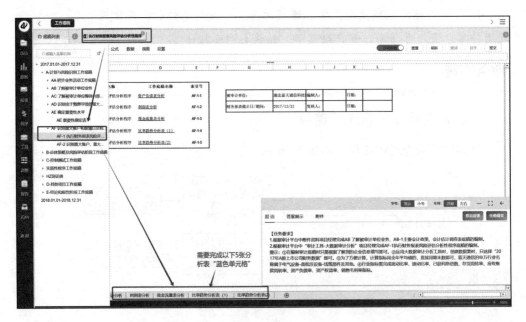

图 3－7

步骤6：单击"被审计单位及环境了解"，然后单击"全部"的下拉进度条，在"业务10"后的"2017年未审报表"内找到企业编制的2017年资产负债表、利润表、现金流量表，截图保存备用，如图3－8所示。

图 3-8

步骤7：单击"智能审计"按钮，进入审计系统页面，单击页面下方"资产负债表分析"进入底稿，根据企业提供"2017年未审报表"录入蓝色区域相应数据，完成"资产负债表分析"、"利润表分析"和"比率趋势分析表（1）"三个表格信息的录入，"现金流量表分析"底稿因企业未给出相关数据，暂不填写，如图3-9所示。

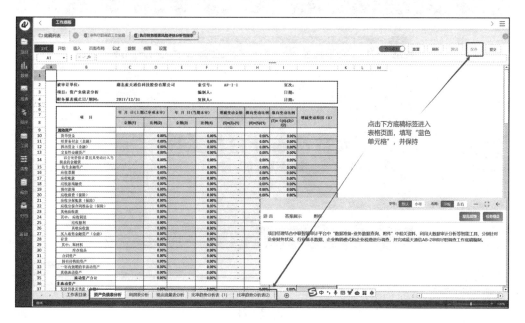

图 3-9

步骤 8：在填写"比率趋势分析表（2）"的"行业平均指标/相关企业指标"项目时，请返回教学平台观看"操作录屏（大数据审计分析工具－制作数据集）"，观看后进行填写，如图 3-10、图 3-11 所示。

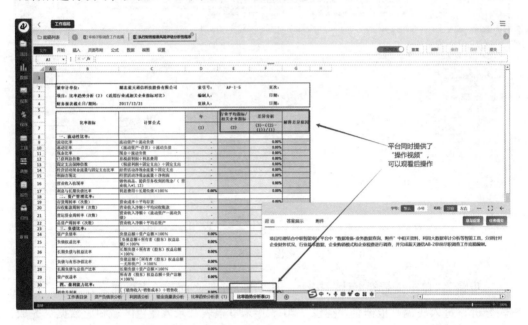

图　3-10

图　3-11

步骤9：填写"比率趋势分析表（2）"底稿时，注意提醒信息"比率趋势分析表（2）编制时需要根据平台中'审计工具－大数据审计分析'查询行业的相关指标对分分析"。需要注意：①运用大数据审计分析工具创建数据集时，只选择"2017年A股上市公司财务数据"即可。②为了方便计算，计算指标用全年平均值的，直接用期末数即可，蓝天通信的申万行业名称属于电气设备—高低压设备—线缆部件及其他。③行业指标需完成流动比率、速动比率、现金比率、已获利息倍数、存货周转率、应收账款周转率、总资产周转率、资产负债率、负债权益比率、资产权益比率、销售毛利率。在页面左侧单击"工具"—"大数据审计分析"，进入"大数据分析平台"页面。单击"＋"—"准备数据"创建文档，如图3－12所示。

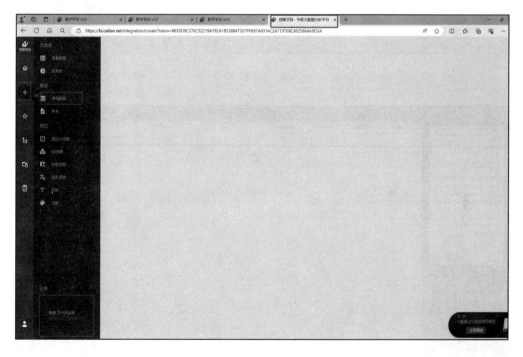

图　3－12

步骤10：在"数据集"页面内单击"智联数据"—"创建"按钮，进入"数据集设计器（直连数据集）"页面，单击"数据源列表"，选择"2017年A股上市公司财务数据"后单击"确定"，如图3－13、图3－14所示。

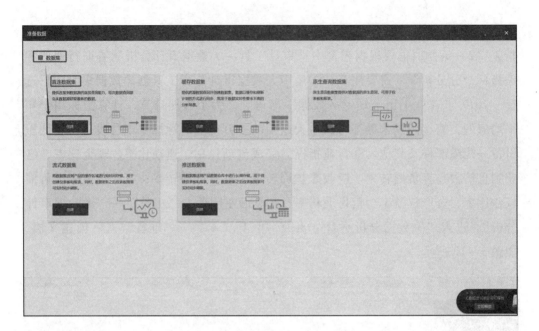

图 3 – 13

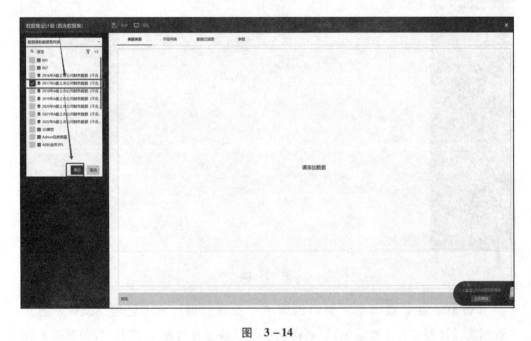

图 3 – 14

步骤11：拖动"2017 年 A 股上市公司财务数据"到"关联关系"页面建立关联。接着单击"字段列表"进入页面，其中给出了大量的行业指标，指标不全时可以自己添加指标和相关的计算，如添加"流动比率"，单击"⋮"—"增加计算字段"，输入字段名称，在"表达式"框内输入相应的公式，单击"保存"，如图 3 – 15 所示。

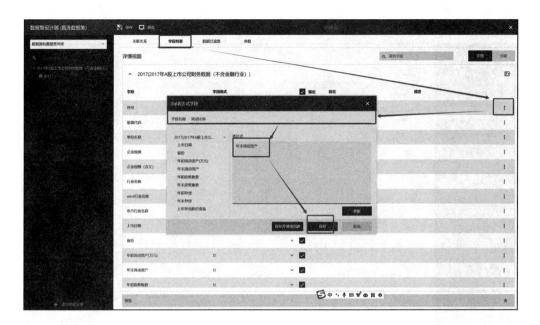

图 3 – 15

单击"数据过滤器"—"数据集"—"+添加规则",选择"申万行业名称",输入"电气设备—高低压设备—线缆部件及其他",单击"保存"进行命名,完成数据准备,如图3 – 16所示。

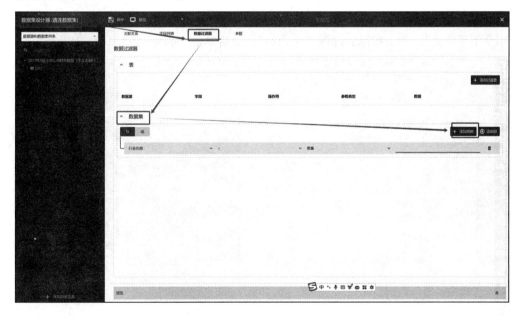

图 3 – 16

步骤12:添加报表,单击"+"—"报表"创建文档,选择"空白 RDL 报表"—"创建报表",如图3-17所示。

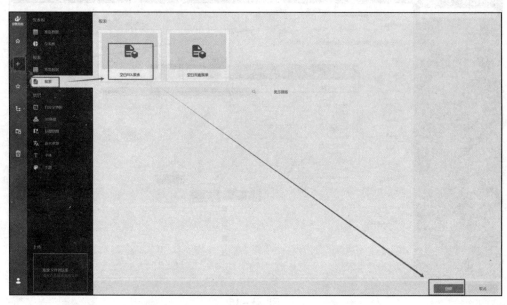

图 3-17

步骤13:进行数据绑定,单击"🗄数据绑定"—数据集后"添加",选择要创建的数据集并添加。然后添加各项指标,单击左侧"矩表",将"申万行业名称"拖动到"行分组",将业务要求比对的指标拖动到"数值"框内。根据要求选择"指标用全年平均值",单击指标后选择"平均值",最后单击"确定",如图3-18所示。

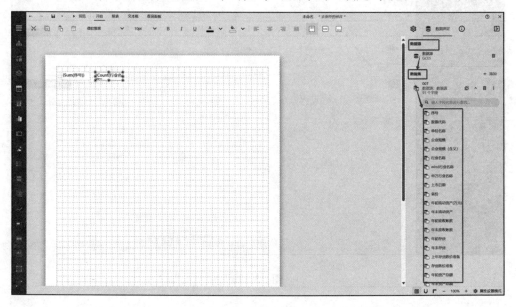

图 3-18

显示的画面如图 3 – 19 所示，单击"预览"，可以看到指标行业数据，根据该数据填写"比率趋势分析表（2）"底稿。

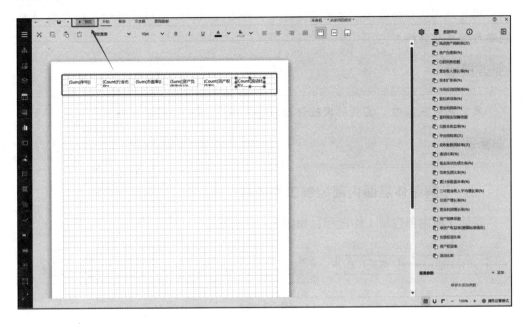

图 3 – 19

业务 3 – 3 了解整体层面内部控制

业务场景

诚信会计师事务所接受委托对蓝天通信 2017 年度财务报表进行审计。2018 年 1 月 3 日，审计项目组进入现场后，审计人员费梦珂和项目经理秦山对蓝天通信财务部、采购部、人力资源部、仓储管理部、销售部、资产管理部、内部审计部相关负责人进行了访谈，对公司的内控情况进行了解。

业务目标

项目经理完成 AC 了解被审计单位整体层面内部控制底稿的编制。

业务涉及岗位

项目经理。

项目经理根据公司内控情况在智能审计平台完成 AC 了解被审计单位整体层面内部控制底稿的编制。

只需完成底稿中"实施的风险评估程序"及"结论"的填写即可。

一、了解整体层面内部控制工作流程

整体层面内部控制工作流程，如图 3 - 20 所示。

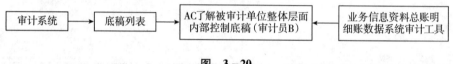

图　3 - 20

二、操作指导

步骤 1：在中联教育系统中，单击"被审计单位及环境了解"—"业务 3，整体层面内控了解"，了解清楚业务背景和要求后，单击"智能审计"按钮，进入审计系统页面。

步骤 2：在"项目列表"页面找到需要审计的单位"湖北蓝天通信科技股份有限公司"，单击"进入"。

步骤 3：在"工作底稿"页面中，单击"底稿列表"—"A - 计划于风险识别工作底稿"前下拉按钮，选择需要操作的底稿"AC - 了解被审计单位整体内部控制"，单击进入，完成底稿下"了解被审计单位整体层面内部控制""了解和评价整体层面内部控制汇总表""了解和评价控制环境""了解和评价被审计单位风险评估过程""了解和评价与财务报告相关的信息系统与沟通""了解和评价被审计单位内部控制活动""了解和评价被审计单位对控制的监督"7 个项目的填写，利用企业提供的背景资料，通过"询问、观察和检查"形式，完成底稿中的蓝色部分，如图 3 - 21 所示。

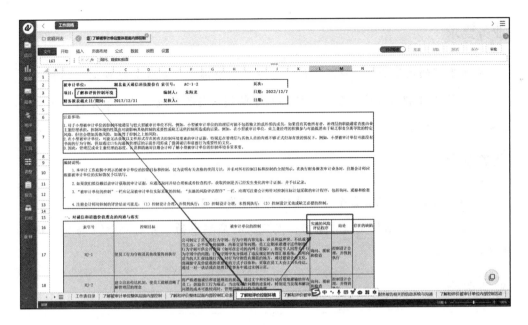

图 3－21

注：只需完成底稿中"实施的风险评估程序"及"结论"的填写即可。

业务3-4 了解销售与收款业务循环内部控制

业务场景

2018 年 1 月 3 日，审计项目组进入现场后，审计人员费梦珂和项目经理秦山对蓝天通信销售部、仓储管理部相关负责人进行了访谈，对公司的销售与收款流程的内控情况进行了解。经过访谈，了解到公司已制定了《合同评审管理办法》《售后服务管理规定》。

业务目标

审计员 A 在智能审计平台完成 BC-6 了解销售与收款流程及执行穿行测试（制造业）底稿的编制。

业务涉及岗位

审计员 A。

业务要求

根据取得的内控管理制度及审计平台中"数据准备-业务数据查询"的相关资料，审计员A在智能审计平台完成BC-6了解销售与收款流程及执行穿行测试（制造业）底稿的编制。

业务提示

1. 穿行测试随机抽取2个样本进行了解评价即可。

2. 2017年蓝天通信无销售退回，无须执行底稿中的"穿行测试（与销售退回有关）"程序。

业务实施

一、销售与收款业务循环内部控制工作流程

销售与收款业务循环内部控制工作流程，如图3-22所示。

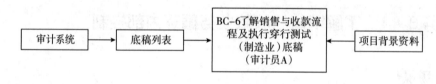

图 3-22

二、操作指导

步骤1：在中联教育系统中，单击"被审计单位及环境了解"—"业务4，销售与收款业务循环内部控制了解"，了解清楚业务背景和要求后，单击"智能审计"按钮，进入审计系统页面。

步骤2：在"项目列表"页面找到需要审计的单位"湖北蓝天通信科技股份有限公司"，单击"进入"，如图3-23所示。

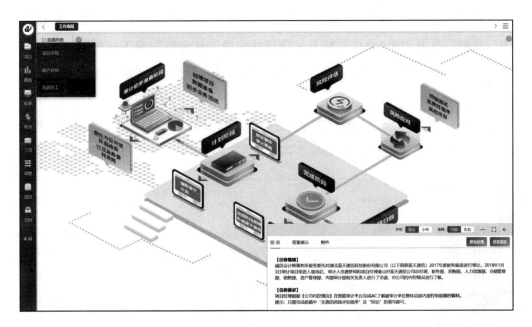

图 3-23

步骤3：左键单击左侧"项目"，选择"底稿分工"，进入底稿分工页面后，按业务要求，将页面右侧底稿"BC-6 了解销售与收款流程及执行穿行测试（制造业）底稿的编制"用鼠标右键拖拽到左侧审计员A处，完成底稿授权，如图3-24所示。

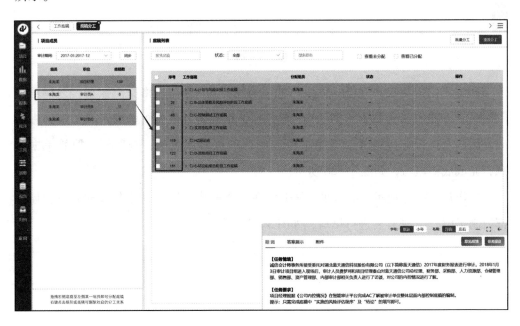

图 3-24

步骤4：以审计员A的身份在"工作底稿"页面中，单击左上角"底稿列表"按钮，单击"B-总体策略及风险评估阶段工作底稿"前下拉按钮，选择需要操作的底稿"BC-6了解销售与收款流程及执行穿行测试（制造业）底稿的编制"。

步骤5：完成"销售与收款流程-穿行测试（与销售有关）""穿行测试-销售与收款流程汇总""汇总表"，如图3-25所示。

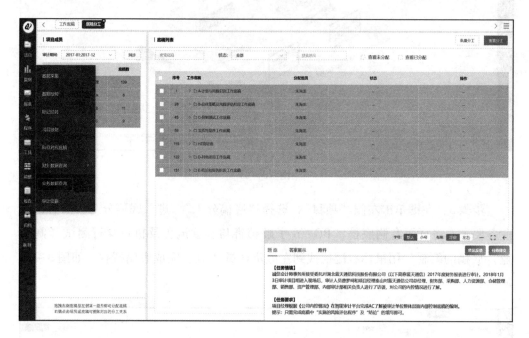

图 3-25

其中"销售与收款流程-穿行测试（与销售有关）"表格所需数据，选择左侧"数据"，单击"业务数据查询"，在弹出的业务数据名称页面里找到"了解销售与收款流程及执行穿行测试（制造业）"，单击"查看"按钮，查看相关原始单据信息，完成底稿填写，如图3-26所示。

操作过程如有疑问，请返回教学平台观看"操作录屏（销售与收款业务循环内部控制了解）"，观看后进行填写，如图3-27所示。

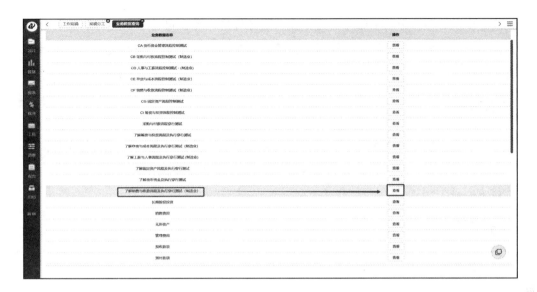

图 3-26

图 3-27

业务3-5 了解采购与付款业务循环内部控制

业务场景

2018 年 1 月 3 日，审计项目组进入现场后，审计人员费梦珂和项目经理秦山对蓝天通信采购部、仓储管理部相关负责人进行访谈，对公司的采购与付款流程的内控情况进行了解。经过访谈了解到，公司制定了《物资采购管理规定》《合同供应商管理办法》等。

业务目标

根据内控管理制度及审计平台中"数据准备－业务数据查询"的相关资料，审计员 B 在智能审计平台完成 BC－2 了解采购与付款流程及执行穿行测试（制造业）底稿的编制。

业务涉及岗位

审计员 B。

业务要求

审计员 B 在智能审计平台完成 BC－2 了解采购与付款流程及执行穿行测试（制造业）底稿的编制。

业务提示

1. 穿行测试，随机抽取两个样本进行评价即可。

2. 2017 年蓝天通信无销售退回，无须执行底稿中的穿行测试（与销售退回有关）的程序。

任务实施

一、采购与付款业务循环内部控制工作流程

采购与付款业务循环内部控制工作流程，如图 3－28 所示。

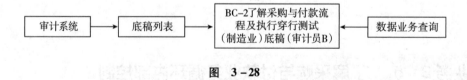

图 3－28

二、操作指导

步骤 1：在中联教育系统中，单击"被审计单位及环境了解"—"业务5，采购与付款业务循环内部控制了解"，了解任务背景和要求后，单击"智能审计"按

钮，进入审计系统页面。从工作底稿列表中找到"BC－2 了解采购与付款流程及执行穿行测试（制造业）"并单击进入（图3－29）。

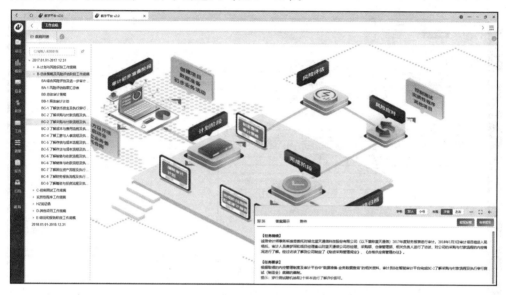

图 3－29

如图3－30所示，页面中有四个表，分别是汇总表、穿行测试汇总表、穿行测试（与采购有关）、穿行测试（与付款有关）。

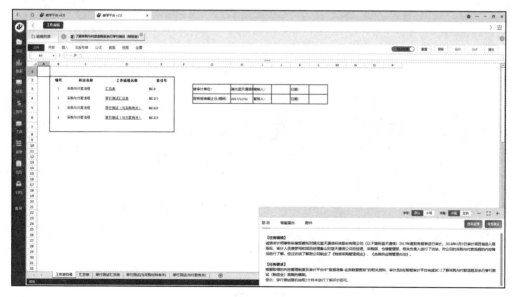

图 3－30

步骤2：打开穿行测试（与采购有关），需要填写的内容有样本序号、样本业务类别、业务内容、请购单、订单合同等，这些数据可以在数据——业务数据查询里面进行查找（图 3 - 31）。

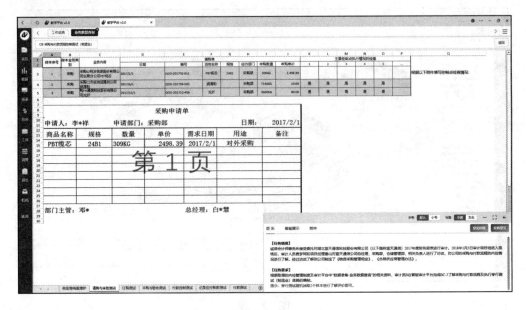

图　3 - 31

根据图 3 - 32 所示，就可以将穿行测试（与采购有关）填写完整。

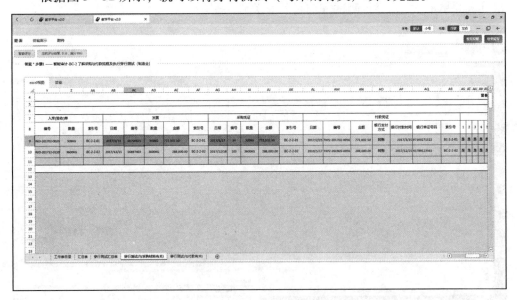

图　3 - 32

其余三个表格的填写同理。

业务3-6 了解存货与成本业务循环内部控制

业务场景

2018年1月3日，审计项目组进入现场后，审计人员费梦柯和项目经理青山对蓝天通信采购部、仓储管理部、生产部门相关负责人进行访谈，对公司的生产与存货业务循环内控进行了解。经过访谈了解到，公司制定了《物资采购管理规定》《合格供应商管理办法》《生产管理办法》《成本费用管理规定》。

业务目标

根据取得的内控管理制度及审计平台中"数据准备-业务数据查询"的相关资料，审计员B在智能审计平台完成BC-5了解存货与成本流程及执行串行测试（制造业）底稿的编制。

业务涉及岗位

审计员B。

业务要求

审计员B在智能审计平台完成BC-5了解存货与成本流程及执行串行测试（制造业）底稿的编制。

业务提示

穿行测试，随机抽取两个样本进行评价即可。

业务实施

一、存货与成本业务循环内部控制工作流程

存货与成本业务循环内部控制工作流程，如图3-33所示。

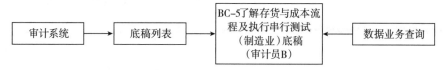

图 3-33

57

二、操作指导

步骤1：在中联教育系统中，单击"被审计单位及环境了解"—"业务6，生产与存货循环内部控制了解"了解任务背景和要求后，单击"智能审计"按钮，进入审计系统页面。从工作底稿列表中找到"BC-5 了解存货与成本流程及执行串行测试（制造业）"并单击进入（图3-34）。

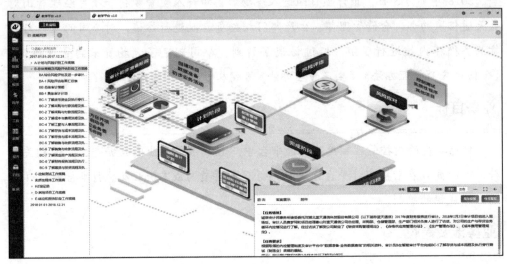

图 3-34

从工作表目录中可以看出，在工作表中共有四个表：汇总表、穿行测试汇总表、穿行测试（与材料流转与仓库有关）、穿行测试（与产成品实物流转有关）（图3-35）。

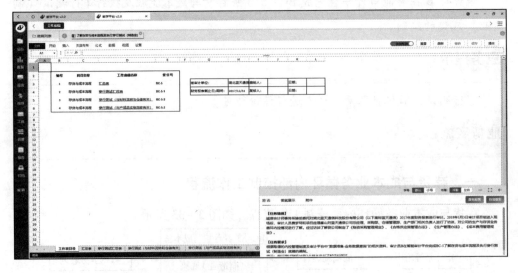

图 3-35

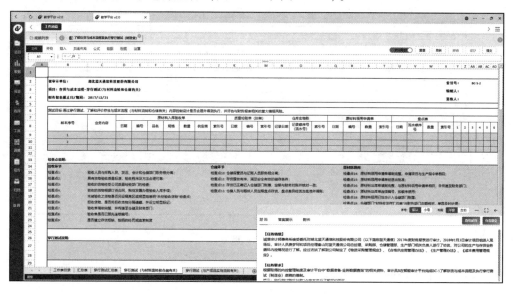引 项目3 了解被审计单位及其环境

步骤2：打开穿行测试（与材料流转和仓库有关）。

填写这个表需要的数据，可以在数据—业务数据查询—了解存货与成本流程及执行穿行测试制造业中进行查看（图3-36、图3-37）。

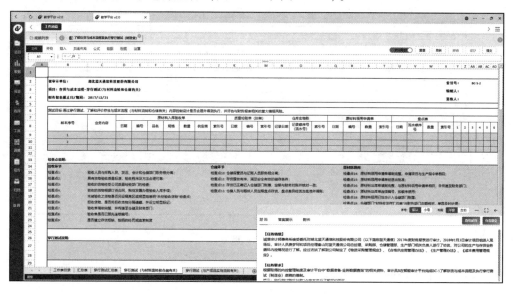

图 3-36

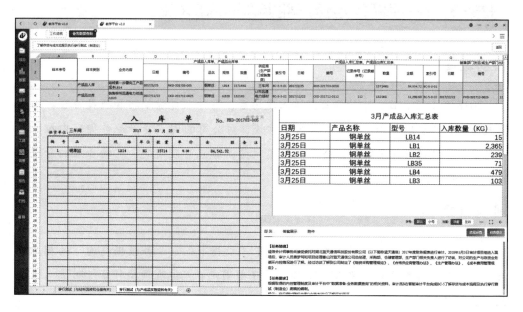

图 3-37

步骤3：根据业务数据查询里的表格，就可以填写出穿行测试的工作底稿（图3-38）。

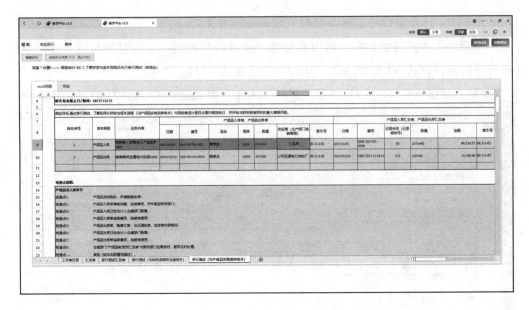

图 3-38

其余三个表格的填写同理。

业务3-7 了解固定资产业务循环内部控制

业务场景

2018年1月3日,审计项目组进入现场后,审计人员费梦珂和项目经理秦山对蓝天通信资产管理部相关负责人进行了访谈,对公司的固定资产业务循环内控情况进行了解。经过访谈了解到,公司制定了《资产盘点管理规定》《物资采购管理规定》《全面预算管理办法》。

业务目标

根据取得的内控管理制度及审计平台中"数据准备-业务数据查询"的相关资料,审计员C在智能审计平台完成BC-7了解固定资产流程及执行穿行测试(制造业)底稿的编制。

业务涉及岗位

审计员C。

业务要求

审计员 C 在智能审计平台完成 BC-7 了解固定资产流程及执行穿行测试（制造业）底稿的编制。

业务提示

穿行测试，随机抽取两个样本进行评价即可。

业务实施

一、固定资产业务循环内部控制工作流程

固定资产业务循环内部控制工作流程，如图 3-39 所示。

审计系统 → 底稿列表 → BC-7 了解固定资产流程及执行穿行测试（制造业）底稿（审计员C） ← 数据业务查询

图 3-39

二、操作指导

步骤1：在中联教育系统中，单击"被审计单位及环境了解"—"业务7，固定资产业务循环内部控制"了解清楚任务背景和要求后，单击"智能审计"按钮，进入审计系统页面。从工作底稿列表中找到"BC-7 了解固定资产业务循环控制流程"并单击进入（图 3-40）。

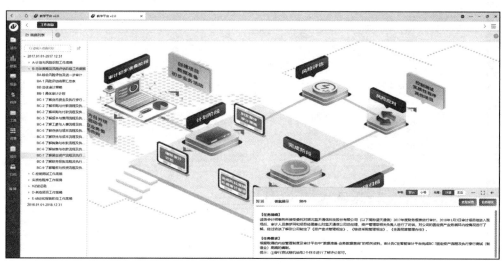

图 3-40

步骤2：从工作表目录中，可以看出固定资产流程及执行穿行测试一共包括四个表：汇总表、穿行测试汇总表、穿行测试（与购置有关）、穿行测试（与处置报废有关）（图3-41）。

图　3-41

步骤3：以穿行测试（与购置有关）为例进行讲解（图3-42）。

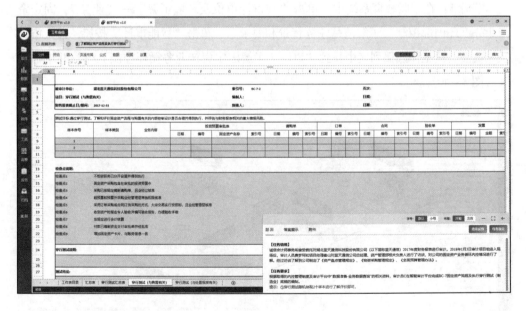

图　3-42

步骤4：打开数据——业务数据查询——了解固定资产流程及穿行测试（图3-43）。

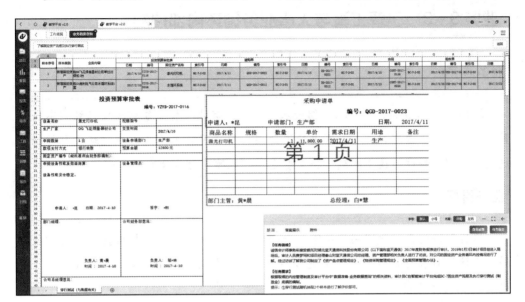

图 3-43

步骤5：根据数据查询中的内容完成穿行测试（与购置有关）的填写（图3-44）。

图 3-44

其余三个表格的填写同理。

业务3-8 了解工薪与人事业务循环内部控制

业务场景

2018年1月3日，审计项目组进入现场后，审计人员费梦珂和项目经理秦山对蓝天通信人力资源部相关负责人进行了访谈，对公司的工薪与人事循环内部控制情况进行了解。经过访谈了解到，公司制定了《人事管理办法》。

业务目标

根据取得的内控管理制度及审计平台中"数据准备－业务数据查询"的相关资料，审计员B在智能审计平台完成BC-4了解工薪与人事流程及执行穿行测试（制造业）底稿的编制。

业务涉及岗位

审计员B。

任务要求

审计员B在智能审计平台完成BC-4了解工薪与人事流程及执行穿行测试（制造业）底稿的编制。

业务提示

穿行测试，随机抽取两个样本进行评价即可。

业务实施

一、工薪与人事业务循环内部控制工作流程

工薪与人事业务循环内部控制工作流程，如图3-45所示。

图 3-45

二、操作指导

步骤1：在中联教育系统中，单击"被审计单位及环境了解"—"业务8，工薪与人事业务循环内部控制了解"，了解任务背景和要求后，单击"智能审计"按钮，进入审计系统页面。从工作底稿列表中找到"BC－4 了解工薪与人事流程及执行穿行测试（制造业）"并单击进入（图3－46）。

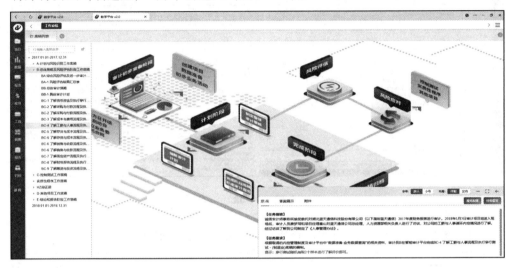

图 3－46

从工作表目录中，可以看出工薪与人事流程及执行穿行测试（制造业）的表格一共有五个，以穿行测试（与招聘解聘有关）为例进行讲解（图3－47）。

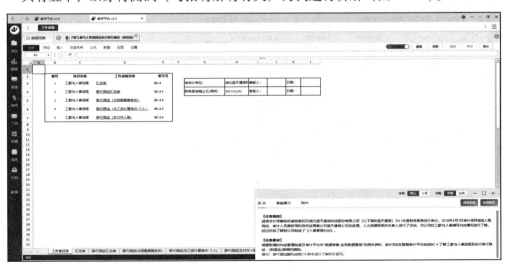

图 3－47

步骤2：打开表 BC-4-2（图3-48）。

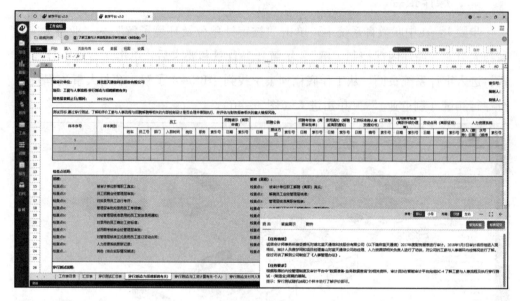

图 3-48

在业务数据查询——穿行测试查找数据，并填入表格中（图3-49）。

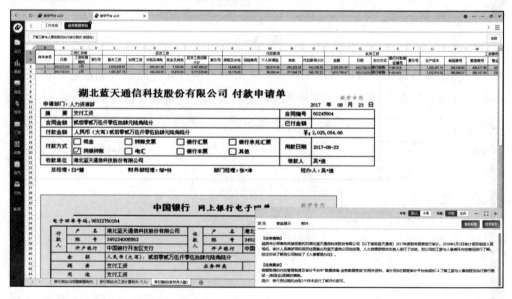

图 3-49

其余表格的填写同理。

业务3-9 了解筹资与投资业务循环内部控制

业务场景

2018年1月3日，审计项目组进入现场后，审计人员费梦珂和项目经理秦山对蓝天通信财务部相关负责人进行了访谈，对公司的固定资产业务循环内控情况进行了了解。经过访谈了解到，公司制定了《财务管理规定》。

业务目标

根据取得的内控管理制度及审计平台中"数据准备－业务数据查询"的相关资料，审计员B在智能审计平台完成BC－9了解筹资与投资流程及执行穿行测试底稿的编制。

业务涉及岗位

审计员B。

业务要求

审计员B在智能审计平台完成BC－9了解筹资与投资流程及执行穿行测试底稿的编制。

业务提示

穿行测试，随机抽取两个样本进行评价即可。

业务实施

一、筹资与投资业务循环内部控制工作流程

筹资与投资业务循环内部控制工作流程，如图3－50所示。

图 3-50

二、操作指导

步骤 1：在中联教育系统中，单击"被审计单位及环境了解"—"业务 9，筹资与投资业务循环内部控制"了解清楚任务背景和要求后，单击"智能审计"按钮，进入审计系统页面。从工作底稿列表中找到 BC - 9 了解筹资与投资业务循环内部控制，单击进入（图 3 -51）。

图　3 -51

从工作表目录中可以看出，筹资与投资流程及穿行测试共有六个表，我们以穿行测试（与日常借款有关）为例进行讲解（图 3 -52）。

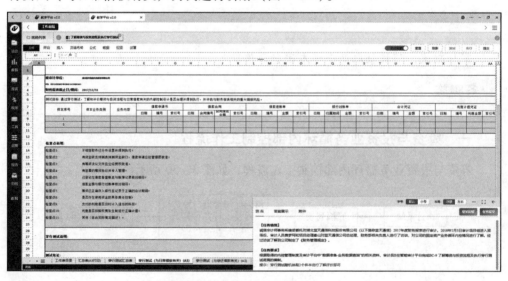

图　3 -52

步骤2：打开业务数据查询（图3-53）。

图　3-53

根据图3-53中的数据进行填写即可。

业务3-10　了解货币资金业务循环内部控制

业务场景

2018年1月3日，审计项目组进入现场后，审计人员费梦珂和项目经理秦山对蓝天通信公司财务部相关负责人进行了访谈，对公司的货币资金循环内控情况进行了了解。经过访谈了解到，公司制定了《货币资金管理及财务收支审批管理规定》《会计机构及岗位职责管理规定》《财务印章管理规定》《大额现金支付管理规定》。

业务目标

根据取得的内控管理制度及审计平台中"数据准备-业务数据查询"的相关资料，审计员C在智能审计平台完成BC-1了解货币资金及执行穿行测试底稿的编制。

业务涉及岗位

审计员C。

业务要求

审计员 C 在智能审计平台完成 BC-1 了解货币资金及执行穿行测试底稿的编制。

业务提示

穿行测试，随机抽取两个样本进行评价即可。

业务实施

一、货币资金业务循环内部控制工作流程

货币资金业务循环内部控制工作流程，如图 3-54 所示。

图　3-54

二、操作指导

步骤 1：在中联教育系统中，单击"被审计单位及环境了解"—"业务 10，货币资金业务循环内部控制"了解任务背景和要求后，单击"智能审计"按钮，进入审计系统页面。从工作底稿列表中找到 BC-1 了解货币资金及执行穿行测试，单击进入（图 3-55）。

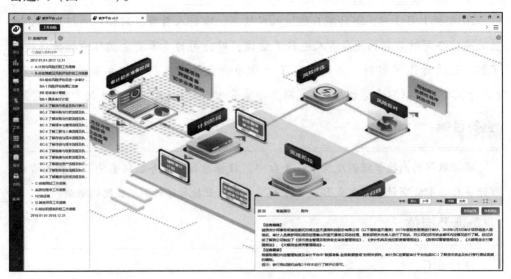

图　3-55

从工作表目录中可以看出，货币资金及执行穿行测试的工作底稿一共有五张，以穿行测试（付款）为例进行讲解（图 3-56、图 3-57）。

图 3-56

图 3-57

步骤2：打开业务数据查询（图 3-58）。

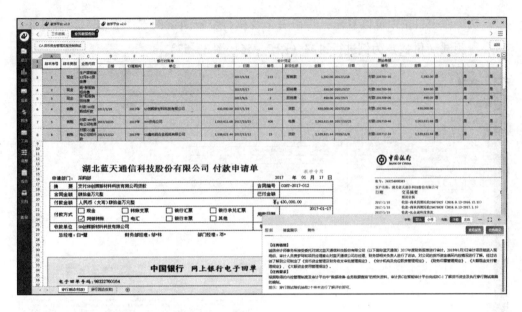

图 3-58

根据图 3-58 表格中的数据进行填写即可。

业务评价

项目 3　了解被审计单位及其环境评测量表

学生姓名		班级		学号	
实训日期					
实训地点				指导教师	

实训目标	内容	分值	自我评分	小组评分	教师评分	总分
知识目标 (20分)	1. 了解审前尽职调查的含义、内容及方法	3分				
	2. 熟悉被审计单位内外环境的内容	4分				
	3. 掌握被审计单位整体层面内部控制的内容	6分				
	4. 掌握被审计单位具体业务层面内部控制的内容	7分				
技能目标 (60分)	1. 能够熟练进行审前尽职调查，确定调查内容，优选调查方法，并将调查结果录入智能审计平台	12分				

实训目标	内容	分值	自我评分	小组评分	教师评分	总分
技能目标 （60分）	2. 能够熟练利用大数据审计分析技术、国家企业信用信息公示系统以及风险评估方法，调查被审计单位内外因素，并将调查结果录入智能审计平台	12分				
	3. 能够熟练调查被审计单位整体层面内部控制，并将调查结果录入智能审计平台	12分				
	4. 能熟练调查被审计单位具体业务层面内部控制，执行穿行测试程序，并将调查结果录入智能审计平台	12分				
	5. 在对被审计单位及其环境各方面进行了解，识别和评估重大错报风险时，能够考虑各因素之间的相互关系	12分				
素养目标 （20分）	1. 通过学习《中国注册会计师审计准则第1211号——通过了解被审计单位及其环境识别和评估重大错报风险》，提高专业胜任能力	3分				
	2. 通过对被审计单位内外环境及其关系方面的了解，构建宏观观念、培养中观思维及微观视角，全方位了解被审计单位	2分				
	3. 通过对被审计单位财务报告、关键业绩指标、发展趋势的计算、分析，养成认真、严谨的工作作风	8分				
	4. 通过在审计工作中搜集、检索、筛查、分析被审计单位内外环境及其关系方面的信息，从纷繁的信息中洞察关键明晰重点，养成实事求是、客观公正的态度	7分				
自我反思						
小组评价			综合 得分			
教师评价						

即测即练

项目 4 实施控制测试

知识目标：

1. 掌握控制测试的性质、含义及要求。

2. 掌握控制测试的时间、范围。

3. 掌握实施销售与收款循环、采购与付款循环、生产与存货循环、人事与工薪循环、筹资与投资业务循环、固定资产业务循环和货币资金循环的控制测试程序。

技能目标：

1. 能根据审计准则实施销售与收款业务循环、采购与付款业务循环、生产与存货业务循环、人事与工薪循环、投资与融资业务循环、货币资金业务循环相关报表项目的控制测试。

2. 能准确地获得控制是否有效运行的审计证据。

3. 能够完成销售与收款业务循环、采购与付款业务循环、生产与存货业务循环、人事与工薪循环、投资与融资业务循环、货币资金业务循环等关键控制点的测试表、汇总表等相关报表项目的审计工作底稿的编制。

4. 能根据控制测试收到的审计证据，做出职业判断，判断出企业的内部控制在防止或发现并纠正认定层次重大错报方面是否有效。

素养目标：

1. 学习《中华人民共和国会计法》《中华人民共和国注册会计师法》等法律法规，增强法律意识。

2. 学习《企业会计准则》《中华人民共和国国家审计准则》《中国注册会计师审计准则》《中国注册会计师职业道德守则》等准则，提高专业胜任能力。

3. 在进行控制测试的过程中，能够运用准确的专业判断，采用适当的审计程序，在重大错报方面验证内部控制的有效性。

4. 在控制测试的过程中，对所获取的审计证据的可靠性保持职业怀疑，客观、公正地评价审计证据。

情景概览

目前项目组已经在智能审计平台完成了对销售与收款、采购与付款、生产与存货、工薪与人事、筹资与投资以及货币资金业务循环的内部控制的了解，并获得了一定的证据。

学习重点

1. 实施销售与收款业务循环控制测试。
2. 实施采购与付款业务循环控制测试。
3. 实施生产与存货业务循环控制测试。
4. 实施工薪与人事业务循环控制测试。
5. 实施筹资与投资业务循环控制测试。
6. 实施货币资金业务循环控制测试。
7. 实施固定资产控制测试。

学习难点

1. 实施销售与收款业务循环控制测试。
2. 实施采购与付款业务循环控制测试。
3. 实施生产与存货业务循环控制测试。

德技并修

1. 在执行控制测试的过程中，能够运用准确的专业判断，采用适当的审计程序获取证据。

2. 在执行控制测试的过程中，对所获取的审计证据的可靠性保持职业怀疑，客观、公正地评价审计证据。

知识准备

扫描二维码学习 2024 年注册会计师全国统一考试辅导教材《审计》（见参考文献 [1]）第七章风险评估和第八章风险应对。

业务 4 - 1　实施销售与收款业务循环控制测试

业务场景

目前，项目组已经完成了 BC - 6 了解销售与收款流程及执行穿行测试制造业的底稿的编制，了解到企业的该业务流程为签订销售合同、建立销售订单、发货开具发票收款记账。

业务目标

根据审计平台中"数据准备 – 业务数据查询"的相关资料，审计员 A 在平台中完成 CF 销售与收款流程控制测试底稿的编制。

业务涉及岗位

审计员 A。

业务要求

1. 审计员 A 选择样本，并确定数量。
2. 审计员 A 确定关键控制点，进行控制测试。

业务提示

若需要获得控制的高度保证时，需要对该控制实施全面测试，其他情况实施有限测试。控制测试的样本量需要根据业务发生的频率来确定。

业务实施

一、销售与收款业务循环控制测试工作流程

销售与收款业务循环控制测试工作流程，如图 4 - 1 所示。

图　4 - 1

二、操作指导

销售与收款业务循环控制测试工作底稿的编制。

如图4-2所示，该工作底稿包括十个表，第一个表是汇总表，第二到第十个是测试选取的关键控制点。

图　4-2

步骤1：填写汇总表（图4-3）。

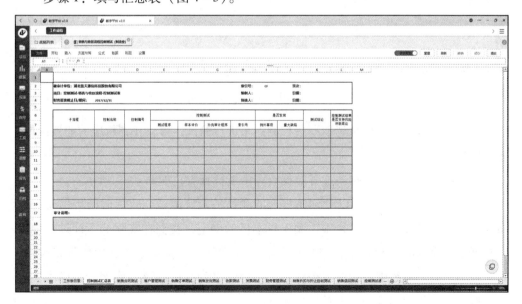

图　4-3

控制测试的汇总表包括总流程控制、名称控制、编号控制测试以及是否发现测试结论等项目。根据了解到的企业基本情况，抽取一部分进行控制测试。控制名称就是选取的项目名称，比如销售合同测试、销售订单测试，或发货测试、收款测试等。实际程序测试主要是抽取原始的单据进行检查或访谈、询问等测试程序，结合实际执行的程序来填写。样本评价是指选取的样本是否可以接受。补充审计程序，如果有，就填有；如果没有，就填无。索引号可以自己编写，例外事项和重大缺陷需要根据检查结果进行判断。测试结论需要在对所有的样本进行测试以后，填写得出的结论。审计说明这栏应填写的是如何选取控制点，并对这些样本进行检查，以及对样本量的选择情况。这些要用业务数据中的信息来进行填写，如图 4 - 4 所示。

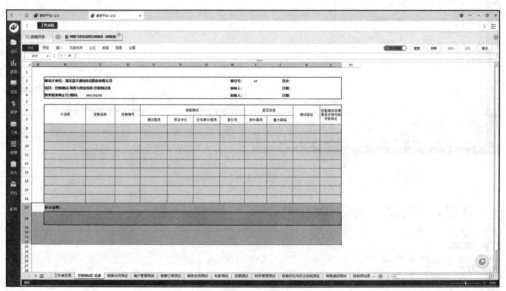

图 4 - 4

其中的所有测试，以及选取哪些控制点来进行测试，可以找到相应的业务数据，根据原始资料进行填写。

需要的数据可以在数据—业务数据查询中进行查看，如图 4 - 5 所示。

步骤 2：业务数据中可以看到销售合同测试、发货测试、收货时间等信息，销货合同测试中已经包含三个样本，关于样本量的确定，我们在实际的审计过程中需要根据前面介绍的控制频率、控制总次数、全面测试数和有效测试的数量来确定，出于教学目的，系统中只包含三个样本。设计未来的测试应该抽取多少个样本，需要根据公司本年度购销合同的总数量来判断。

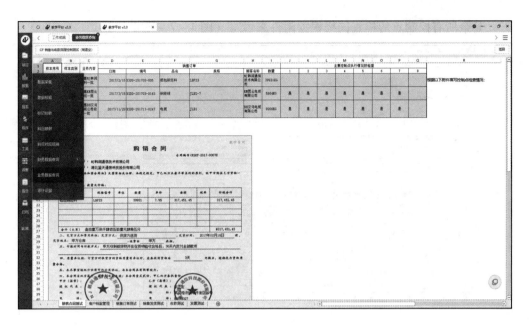

图　4-5

步骤3：如图4-6所示，对主要控制点进行检查，检查结果根据附件中的原始单据，结合底稿中检查点的说明进行判断填写。没有底稿的，默认代表检查没有问题。在检查完成之后，可以填写测试说明和检查结论来测试我们的检查是否有问题，如果合适，我们就认为这个测试是有效的。

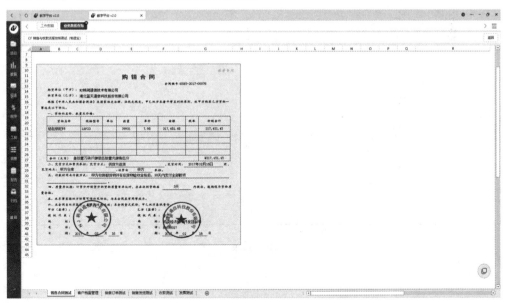

图　4-6

其余所有控制点的检查同样根据附件来填写（图4–7～图4–11）。

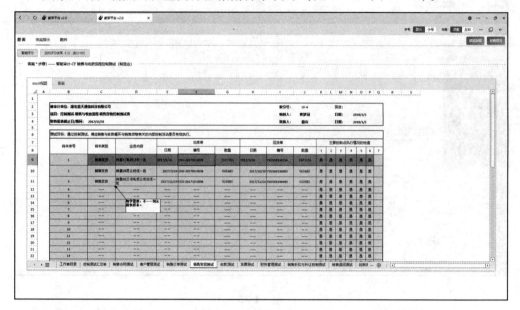

图　4–7

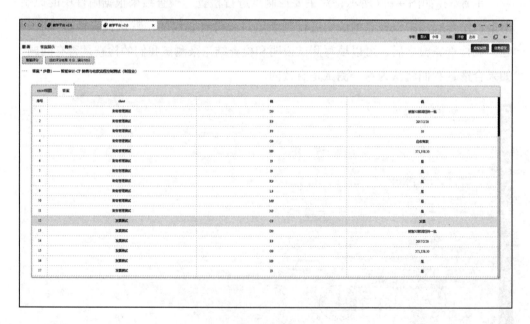

图　4–8

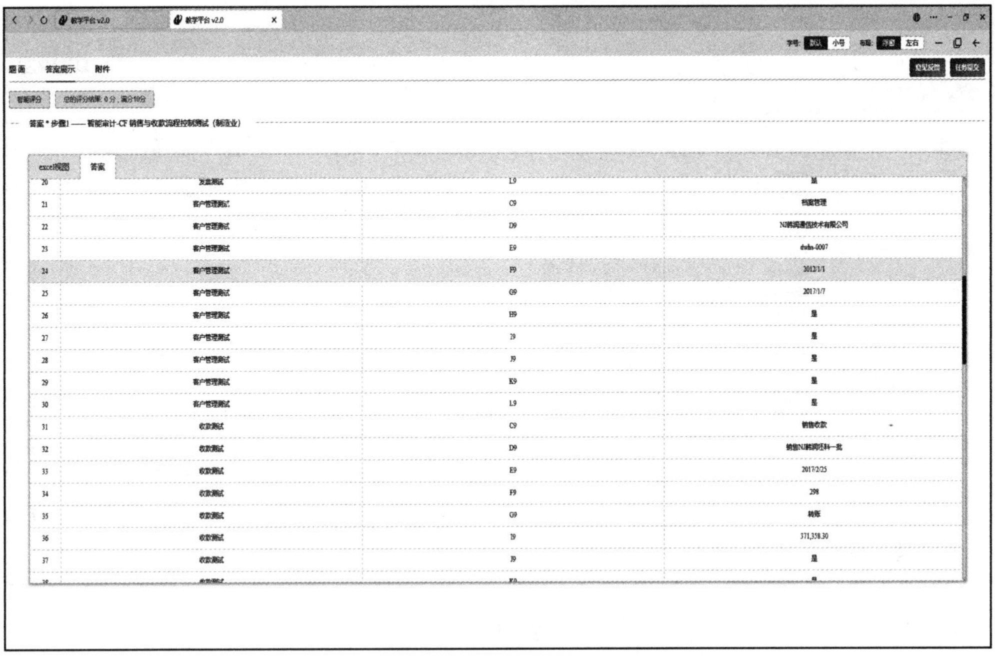

20	发票测试	L9	是
21	客户管理测试	C9	档案管理
22	客户管理测试	D9	NJ韩润通信技术有限公司
23	客户管理测试	E9	dwhs-0007
24	客户管理测试	F9	2012/1/1
25	客户管理测试	G9	2017/1/7
26	客户管理测试	H9	是
27	客户管理测试	I9	是
28	客户管理测试	J9	是
29	客户管理测试	K9	是
30	客户管理测试	L9	是
31	收款测试	C9	销售收款
32	收款测试	D9	销售NJ韩润坯料一批
33	收款测试	E9	2017/2/25
34	收款测试	F9	298
35	收款测试	G9	转账
36	收款测试	I9	371,358.30
37	收款测试	J9	是

图 4-9

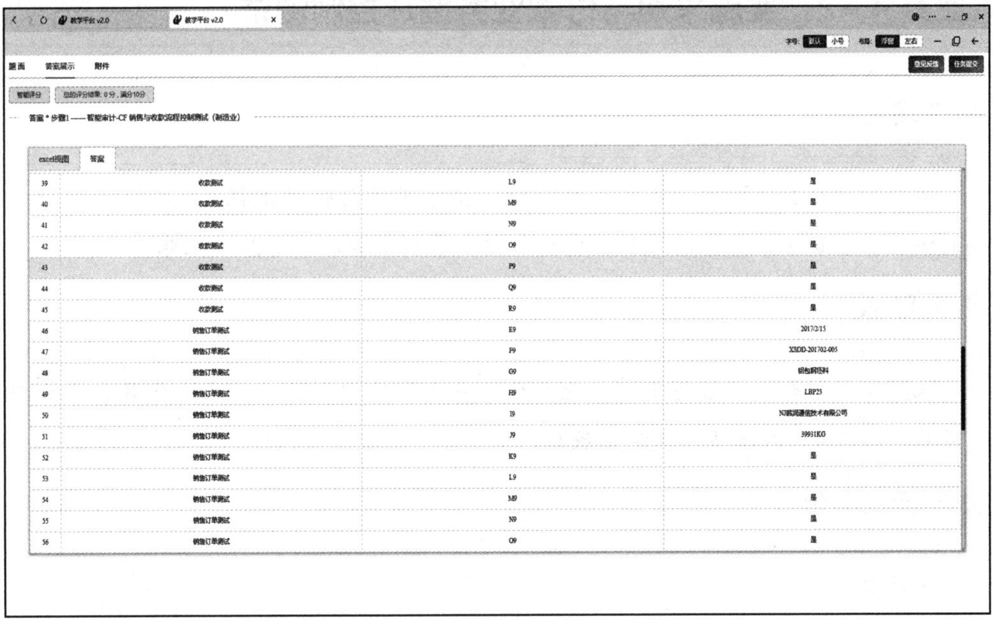

39	收款测试	L9	是
40	收款测试	M9	是
41	收款测试	N9	是
42	收款测试	O9	是
43	收款测试	P9	是
44	收款测试	Q9	是
45	收款测试	R9	是
46	销售订单测试	E9	2017/2/15
47	销售订单测试	F9	XSDD-201702-005
48	销售订单测试	G9	铝包铜坯料
49	销售订单测试	H9	LBP23
50	销售订单测试	I9	NJ韩润通信技术有限公司
51	销售订单测试	J9	39931KG
52	销售订单测试	K9	是
53	销售订单测试	L9	是
54	销售订单测试	M9	是
55	销售订单测试	N9	是
56	销售订单测试	O9	是

图 4-10

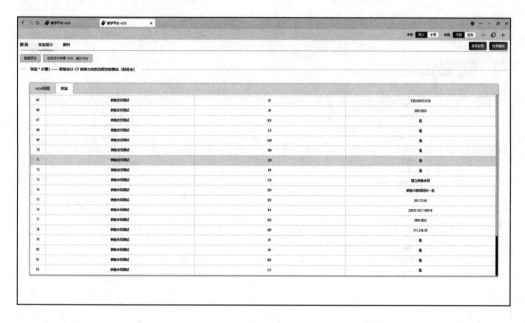

图 4-11

业务4-2 实施采购与付款业务循环控制测试

业务场景

项目组已经在审计平台完成了BC-2了解了采购与付款流程及执行穿行测试底稿的编制,了解了该业务的流程,包括订单—采购—验收—付款—记账。

业务目标

根据审计平台中"数据准备-业务数据查询"的相关资料,审计员B在平台中完成CB采购与付款流程控制测试底稿的编制。

业务涉及岗位

审计员B。

业务要求

审计员B在平台中完成CB采购与付款流程控制测试底稿的编制。

业务提示

注意样本量的选择。如果要求得到高度保证，那么就要选取较多的样本量进行测试，称之为全面测试，如不需要高度保证则称之为有限测试，控制测试的样本量需要根据业务发生的频率来确定，频率越高，样本量越多。反之亦然。

业务实施

一、采购与付款业务循环控制测试工作流程

采购与付款业务循环控制测试工作流程，如图4-12所示。

图 4-12

二、操作指导

步骤1：测试中共有五个检查点：第一点，供应商档案的变更真实有效；第二点，供应商档案变更后更准确；第三点，确保供应商档案数据及时更新；第四点，所有供应商档案变更均已进行输入及处理；第五点，供应商档案变更均已于适当期间进行处理。根据测试结果填写测试说明及测试结论（图4-13）。

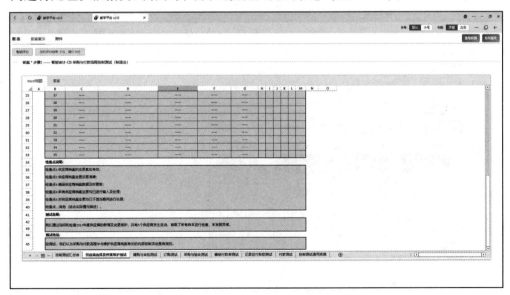

图 4-13

步骤2：请购预审批测试同理（图4-14），在审计时需要检查审批手续是否齐全。

所有数据来自于"数据—业务数据查询—CB采购与付款流程控制测试（制造业）"。

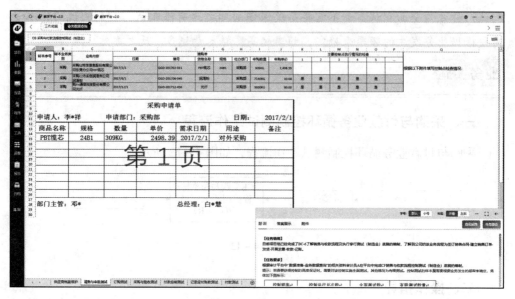

图 4-14

步骤3：根据业务数据查询里的数据（图4-15）填写工作底稿，对于每个测试的检查点的测试，需要根据自己的判断进行填写，通过在审计基础中学到的知识，确定测试结果（图4-16）。

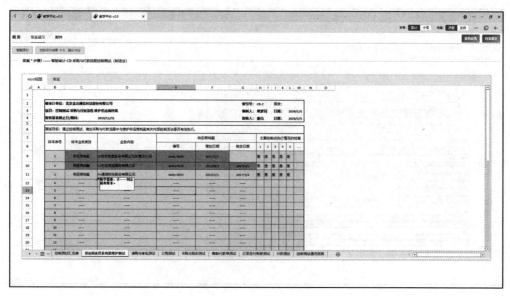

图 4-15

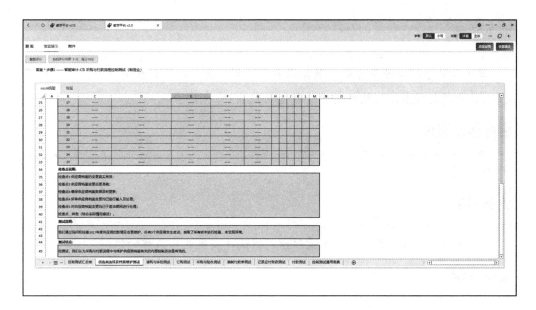

图　4-16

在这里提供其中几个测试检查点的说明：

（1）请购与审批测试检查点：①对正常经营所需物资的购买均做一般授权。②所有采购均已按规定编制请购单。③请购申请预算和预算外采购符合规定。④对资本支出和租赁合同、企业政策，通过要求做特别授权，只允许指定人员提出请购检查点。⑤请购单已经由对这类支出预算负责的主管人员签字审批。

（2）订购测试检查点：①采购部门在收到请购单后，只对经过批准的请购单发出订购单。②订购单应正确填写所需要的商品品名、数量、价格以及厂商名称、地址等。③正联应送交供应商，副联则送至企业内部的验收部门、应付凭单部门和编制请购单的部门。④对一些大额重要的采购项目，应采取竞价方式来确定供应商。⑤预先予以编号，并经过被授权的采购人员签名。⑥独立检查订购单的处理，以确定是否确实收到商品并正确入账。

业务4-3　实施存货与成本业务循环控制测试

业务场景

目前，项目组已经在智能审计平台完成了BC-5了解存货与成本流程及执行穿行测试底稿的编制，了解到该业务流程如下：生产/采购计划—原材料入库—领用原材料产成品入库—产成品出库成本核算，另外，仓库会有实物账、盘点表。

业务目标

审计员 B 根据审计平台中"数据准备 – 业务数据查询"的相关资料，在平台中完成 CE 存货与成本流程控制测试（制造业）底稿。

业务涉及岗位

审计员 B。

业务要求

在平台中完成 CE 存货与成本流程控制测试（制造业）底稿的编制。

业务提示

样本量的选择。如果要求得到高度保证的结果，那么就要选取较多的样本量进行测试，称之为全面测试，如不需要高度保证则称之为有限测试，控制测试的样本量需要根据业务发生的频率来确定，频率越高，样本量越多。反之亦然。

业务实施

一、存货与成本业务循环控制测试实施工作流程

存货与成本业务循环控制测试实施工作流程，如图 4 – 17 所示。

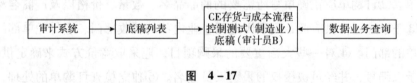

图 4 – 17

二、操作指导

步骤 1：如图 4 – 18 所示，这个工作底稿包括八个表，第一个表是汇总表，第二到第八个表是选取的关键控制点的测试。

步骤 2：如图 4 – 19 所示，控制测试汇总表中包括了子流程控制、名称控制、编号控制、测试中的测试程序样本评价、补充审计程序索引号，以及是否发现例外事项重大缺陷测试结论，控制测试结果是否支持风险评估结论等。根据了解到的企业基本情况，抽取一部分来进行控制测试。

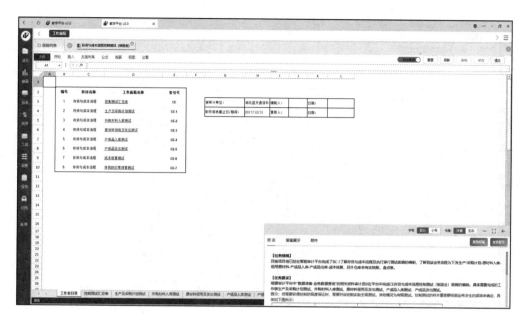

图　4-18

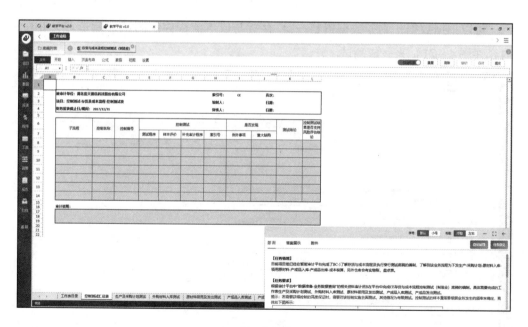

图　4-19

步骤3：其中的所有测试，以及选取哪些控制点进行测试，可以找到相应的业务数据，根据原始资料进行填写，如发出产品测试（图4-20）。

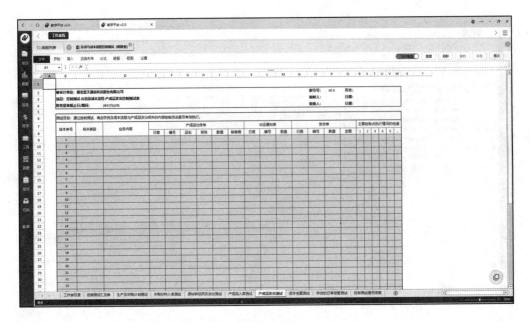

图 4-20

可以根据数据—业务数据资料—CE 存货与成本流程控制测试（制造业）中的内容（图 4-21）来完成测试。

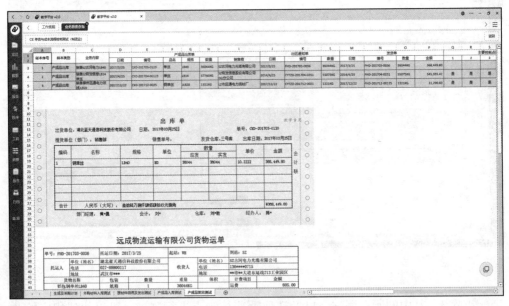

图 4-21

根据图 4-21 中的业务数据，可以完成图 4-22 中的表格。

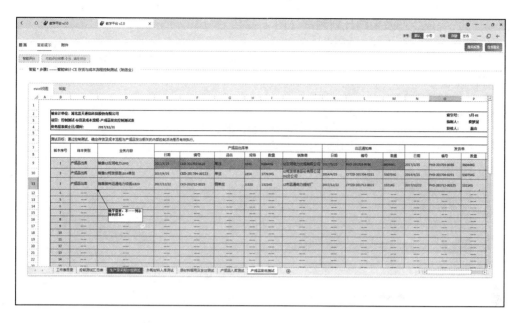

图 4-22

需要完成控制测试汇总表、生产及采购计划测试、外购材料入库测试、原材料领用及发出测试、产成品入库测试，以及产成品发出测试这六个表，做法同上。这里的难点还是检查点的说明、测试说明和测试结论。

（1）完成控制测试汇总表（图4-23）。

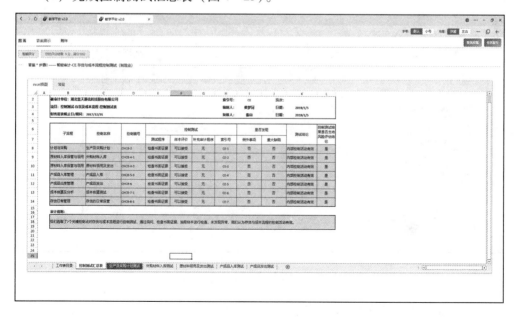

图 4-23

（2）完成生产及采购计划测试（图4-24）。

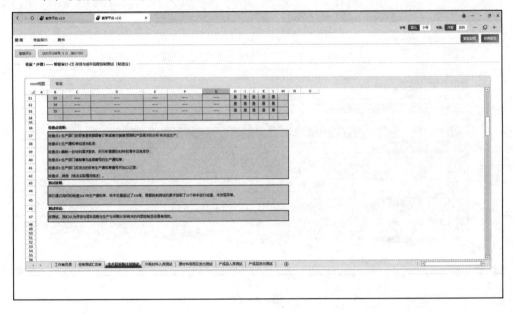

图 4-24

（3）完成外购材料入库测试（图4-25）。

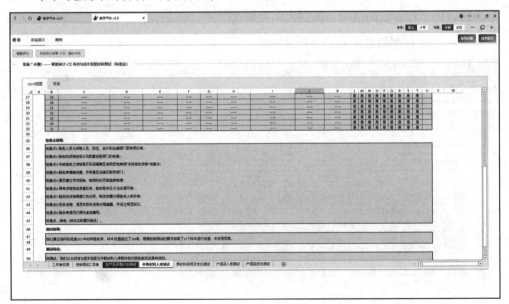

图 4-25

（4）完成原材料领用及发出测试（图4-26）。

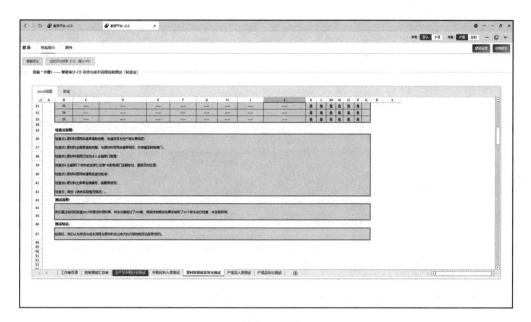

图 4-26

（5）完成产成品入库测试（图4-27）。

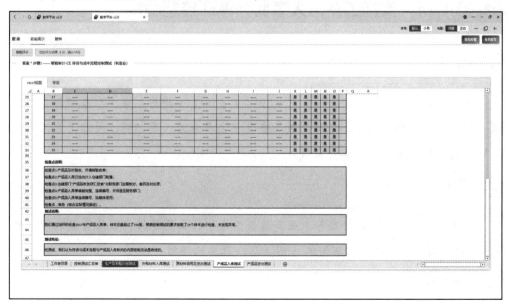

图 4-27

（6）完成产成品发出测试（图4-28）。

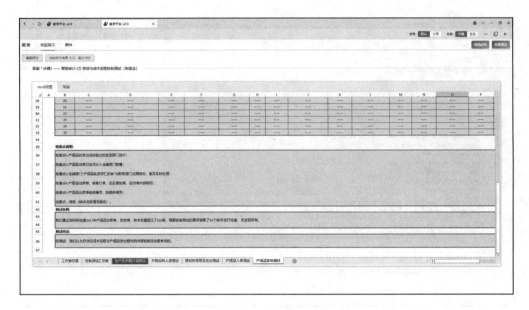

图 4－28

业务 4－4 实施工薪与人事业务循环控制测试

业务场景

审计人员已经在智能审计平台完成 BC－4 了解了工薪与人事流程及执行穿行测试（制造业）底稿的编制，了解到该业务流程主要分为人事招聘、员工考勤、人士解聘（离职）工资计算、工资支付。

业务目标

根据审计平台中"数据准备－业务数据查询"的相关资料，审计员 B 在平台中完成 CD 工薪与人事流程控制测试（制造业）底稿的编制。

业务涉及岗位

审计员 B。

业务要求

审计员 B 在平台中完成 CD 工薪与人事流程控制测试（制造业）底稿的编制。

业务提示

样本量的选择与控制频率、控制运行总次数、全面测试数以及有限测试数量相关，可以按照控制频率选择样本量，也可以按照控制运行总次数来选择样本量。如果是全面测试，那么选择的样本量要比有限测试选择的样本量多一些，需要根据被审计单位的具体情况进行选择。

业务实施

一、工薪与人事业务循环控制测试工作流程

工薪与人事业务循环控制测试工作流程，如图4-29所示。

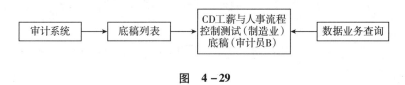

图 4-29

二、操作指导

底稿的编制过程（图4-30）。

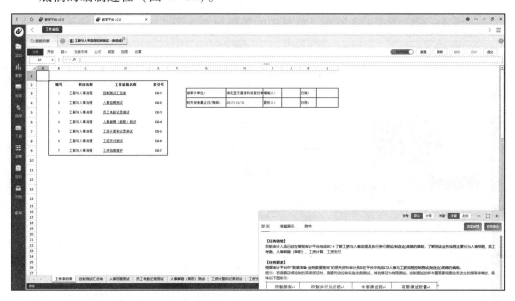

图 4-30

在这个工作底稿中，需要填写七个表，分别是控制测试汇总表、人事招聘测试、

93

员工考勤记录测试、人事解聘测试、工资计算和记录测试、工资支付测试以及工资档案的维护。

步骤1：完成人事招聘测试（图4-31）。

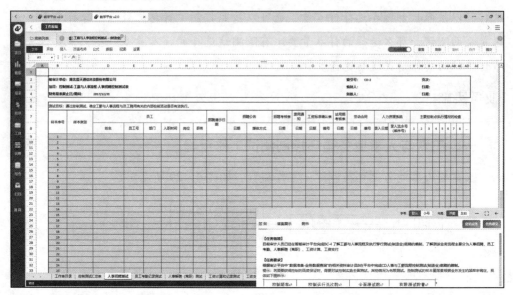

图 4-31

打开数据—数据业务查询—CD工薪与人事流程控制测试制造业。

如图4-32、图4-33所示，将其中的数据填写在图4-31中的表格里。

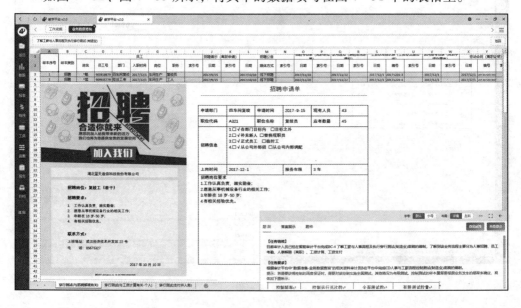

图 4-32

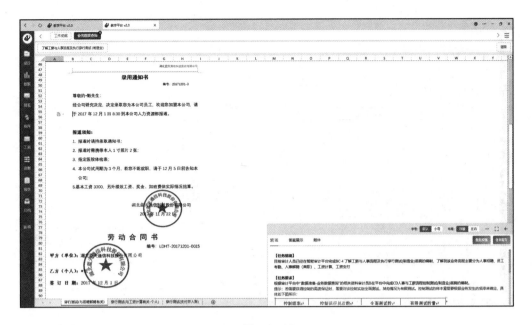

图 4-33

其中的重点还是检查点、测试说明和测试结论（图4-34）。

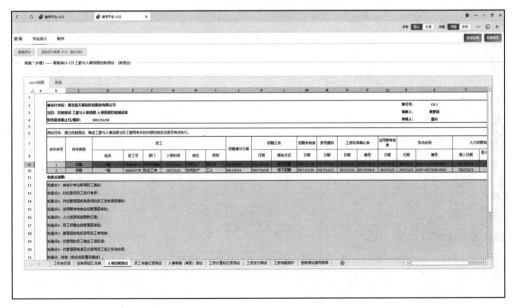

图 4-34

步骤2：完成员工考勤记录测试（图4-35）。

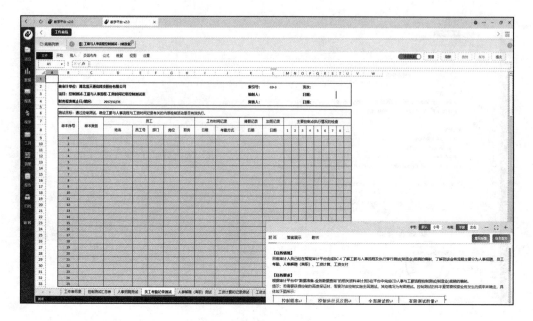

图 4-35

打开数据—数据业务查询（图4-36）—CD 工薪与人事流程控制测试制造业。

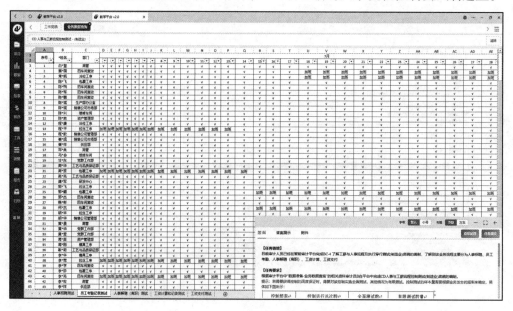

图 4-36

根据图4-36填写考勤记录表，并根据填写内容说明检查点、测试说明和测试结论（图4-37）。

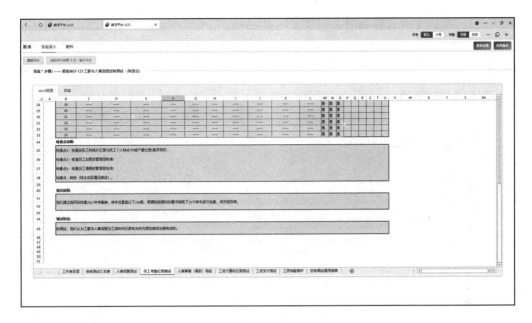

图 4-37

其余五个表中的检查点说明和测试结论如下。

（1）完成人事解聘测试（图4-38）。

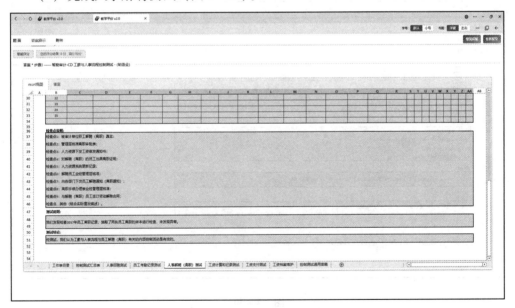

图 4-38

（2）完成工资计算和测试记录（图4-39）。

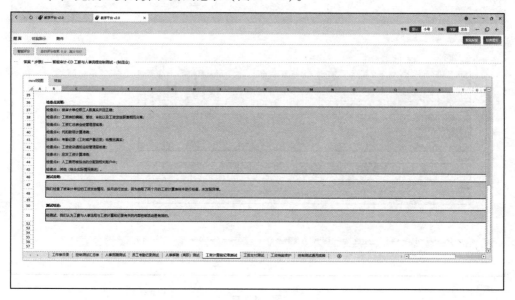

图 4-39

（3）完成工资支付测试（图4-40）。

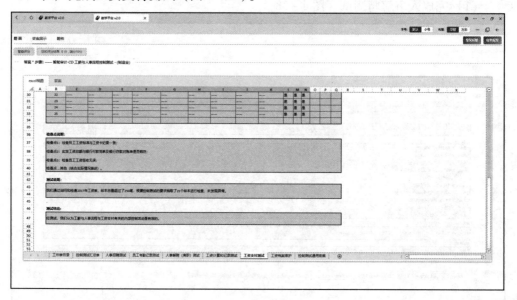

图 4-40

（4）完成工资档案维护（图4-41）。

工资档案里没有数据，因此这个表不用填写。但还是有测试点，供读者在以后的工作学习中参考。

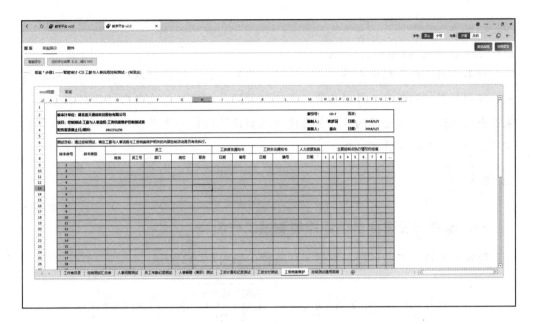

图 4-41

业务4-5 实施筹资与投资业务循环控制测试

业务场景

目前，项目组已经在审计平台完成了BC-9了解筹资与投资流程及执行穿行测试底稿的编制，了解到该业务流程主要分为日常借款和偿还借款。

业务目标

根据审计平台中"数据准备-业务数据查询"的相关资料，审计员B在平台中完成CI筹资与投资流程控制测试底稿的编制。

业务涉及岗位

审计员B。

业务要求

审计员B在平台中完成CI筹资与投资流程控制测试底稿的编制。

业务提示

　　样本量的选择与控制频率、控制运行总次数、全面测试数以及有限测试数量相关，可以按照控制频率选择样本量，也可以按照控制运行总次数来选择样本量。如果是全面测试，那么选择的样本量要比有限测试选择的样本量多一些，需要根据被审计单位的具体情况进行选择。

业务实施

一、筹资与投资业务循环控制测试工作流程

　　筹资与投资业务循环控制测试工作流程，如图 4-42 所示。

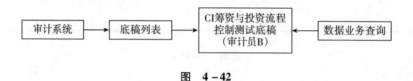

图 4-42

二、操作指导

　　底稿的编制过程。

　　步骤1：在"数据—业务数据查询"中，可以清晰地看到企业借款的资金往来全过程（图 4-43~图 4-47）。

图 4-43

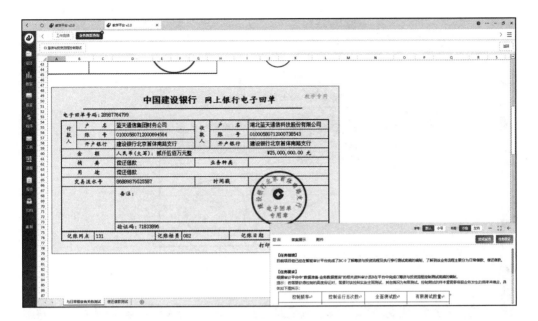

图 4-44

图 4-45

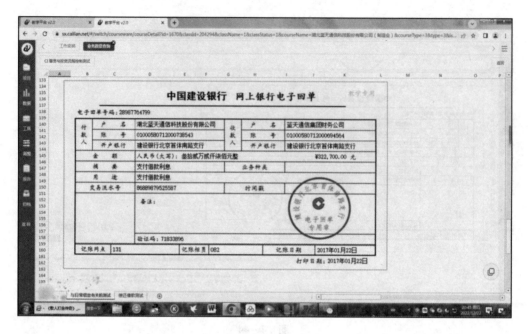

图 4-46

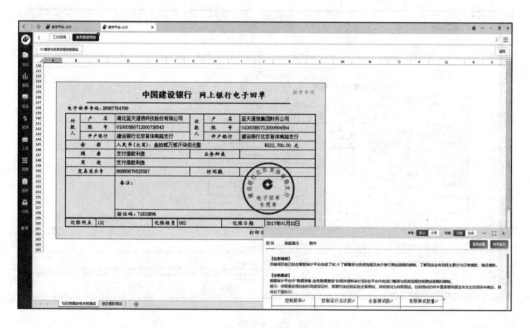

图 4-47

步骤 2：这是偿还借款的过程（图 4-48）通过还款申请书，可以准确地填写出样本的日期、金额、归还时间等。

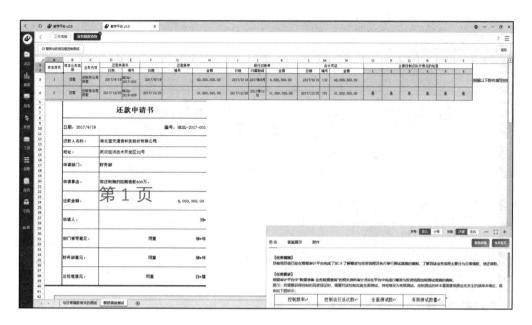

图　4-48

步骤3：在填写工作表的时候，只需要填写图4-49、图4-50这两个表就可以了，至于长期股权投资和衍生金融资产，由于企业没有给出数据，所以不需要填写。

图　4-49

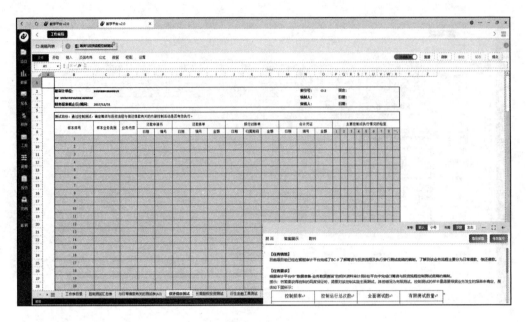

图　4－50

填写时，重点需要留意检查点以及测试说明和结论（图4－51、图4－52）。

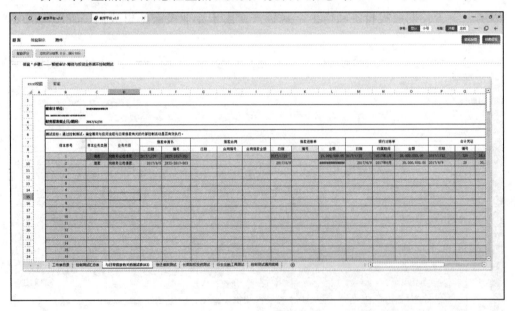

图　4－51

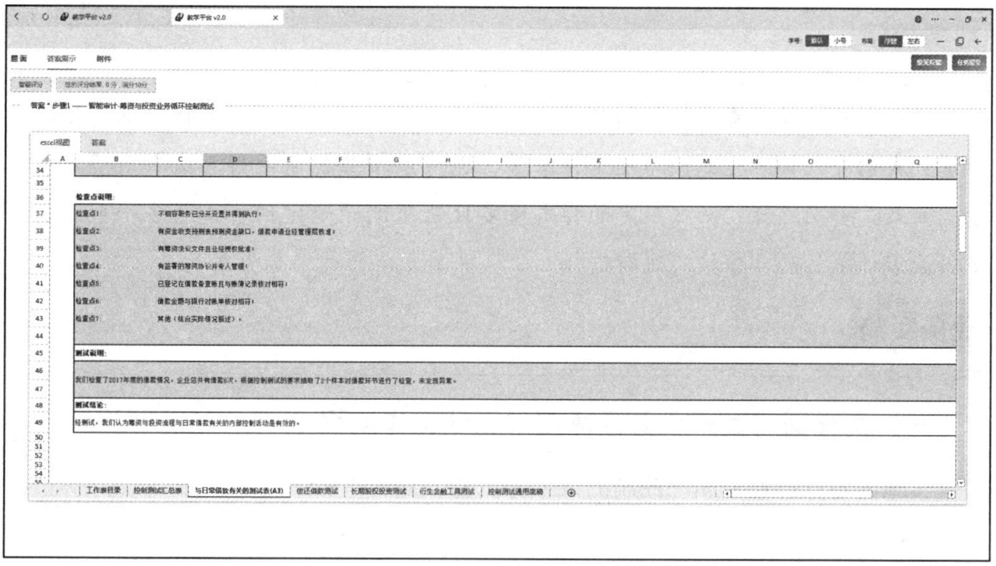

图 4-52

业务4-6 实施固定资产业务循环控制测试

业务场景

目前，项目组已经在智能审计平台完成BC-7了解固定资产流程及执行穿行测试（制造业）底稿的编制，了解到该业务流程为制定投资预算，采购固定资产入账，折旧和减值测试，同时会更新固定资产卡片。

业务目标

根据审计平台中"数据准备-业务数据查询"的相关资料，审计员C在平台中完成CG固定资产流程控制测试底稿的编制。

业务涉及岗位

审计员C。

业务要求

审计员C在审计平台中完成CG固定资产业务循环控制测试流程工作底稿的编制。

业务提示

样本量的选择因素包含控制频率、控制运行总次数、全面测试数以及有限测试数量。我们可以按照控制频率确定样本量，也可以按照控制运行总次数来确定样本量。如果是全面测试，那么确定的样本量要比有限测试确定的样本量多一些，需要根据被审计单位的具体情况进行选择。

业务实施

一、实施固定资产业务循环控制测试工作流程

实施固定资产业务循环控制测试工作流程，如图 4-53 所示。

图 4-53

二、操作指导

工作底稿的编制过程，如图 4-54 所示。

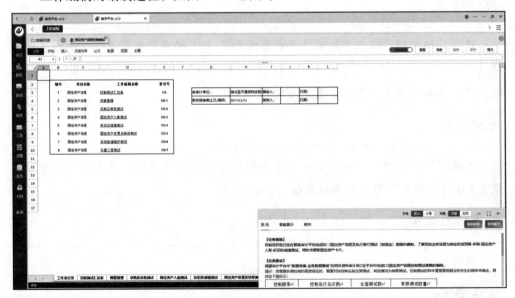

图 4-54

第一个表是预算管理（图 4-55）。

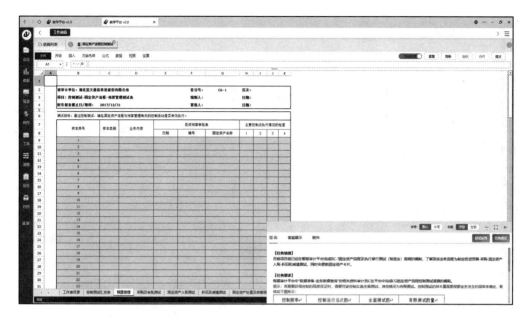

图 4-55

步骤1：打开"数据—数据业务查询"，找到CG固定资产流程测试（图4-56）。

图 4-56

打开"预算管理"（图4-57）。

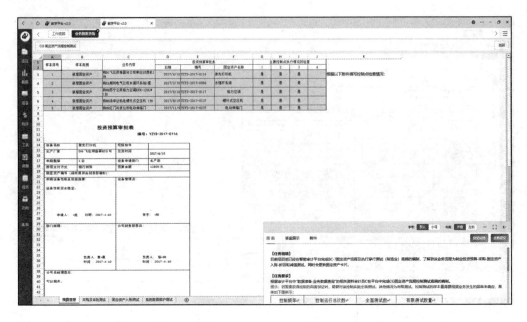

图 4 - 57

步骤 2：根据其中的内容填写预算管理表（图 4 - 58）。

图 4 - 58

关键点也是难点：要根据自身的判断填写关键控制点（图 4 - 59）。

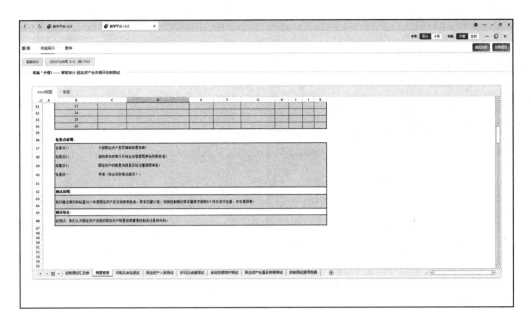

图 4-59

剩余表格的填法同"预算管理"。在后面的表格中,需要注意的还是检测点、测试说明和测试结论。

(1)采购及审批测试(图4-60、图4-61)。

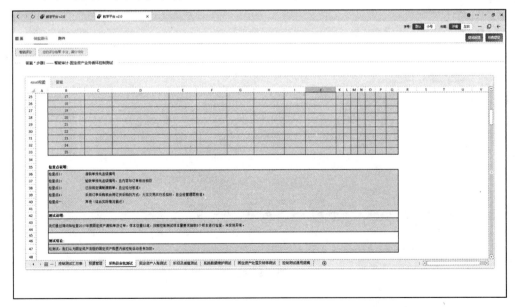

图 4-60

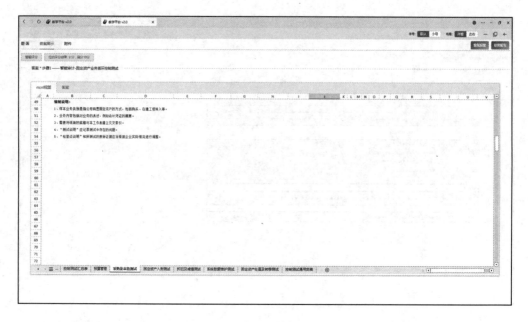

图 4-61

注意此处的编制说明（图4-62）。

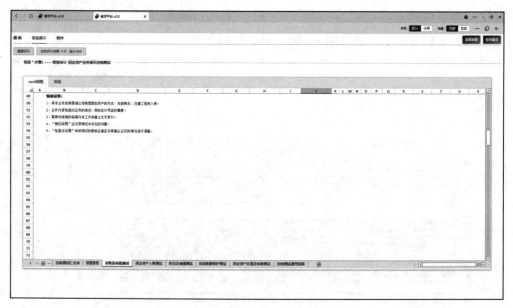

图 4-62

（2）完成固定资产入账测试（图4-63）。

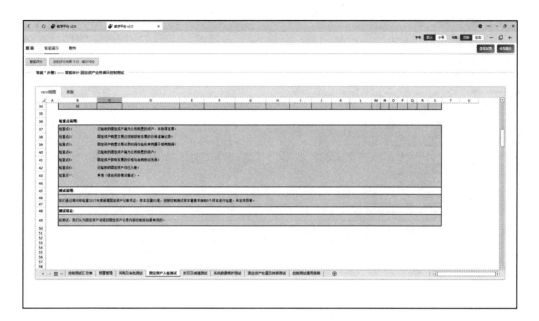

图 4-63

（3）完成折旧减值测试（图4-64）。

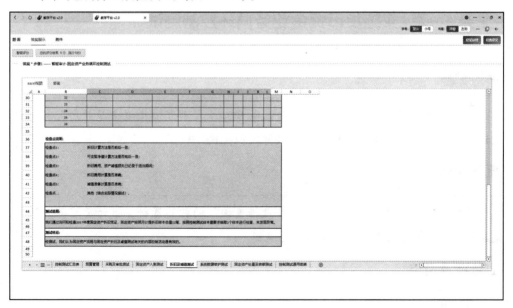

图 4-64

（4）完成系统数据维护测试（图4-65）。

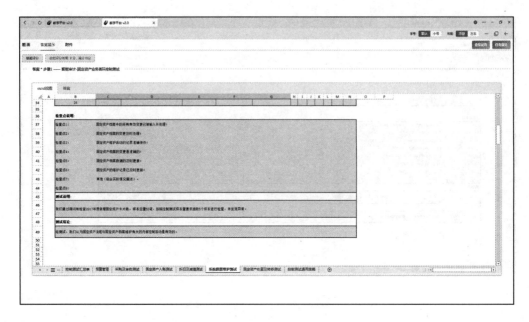

图 4-65

业务 4-7 实施货币资金业务循环控制测试

业务场景

目前，项目组已经在智能审计平台完成 BC-1 了解了货币资金及执行穿行测试底稿的编制，了解到业务流程主要包括付款和收款。

业务目标

根据审计平台中"数据准备-业务数据查询"的相关资料，审计员 C 在平台中完成 CA 货币资金管理流程控制测试的编制。

业务涉及岗位

审计员 C。

业务要求

审计员 C 在平台中完成 CA 货币资金管理流程控制测试的编制。

业务提示

样本量的选择包含了控制频率、控制运行总次数、全面测试数以及有限测试数量，可以按照控制频率选择样本量，也可以按照控制运行总次数来选择样本量。如果是全面测试，那么选择的样本量要比有限测试选择的样本量多一些，需要根据被审计单位的具体情况进行选择。

业务实施

一、实施货币资金业务循环控制测试工作流程

实施货币资金业务循环控制测试工作流程，如图 4-66。

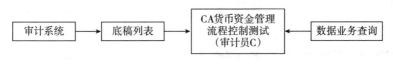

图 4-66

二、操作指导

底稿的编制过程（图 4-67）。

图 4-67

这个工作表目录比较简单，只有收款和付款两个控制测试。

步骤1：完成付款测试（图4-68）。

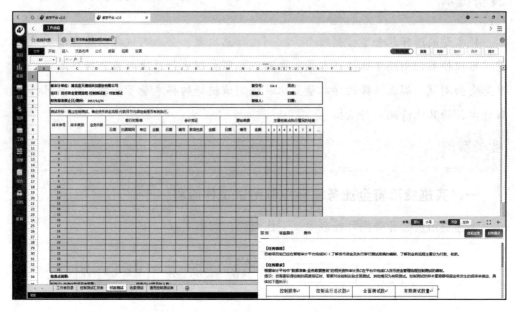

图 4-68

打开"数据—业务数据查询"找到CA货币资金管理流程控制测试（图4-69、图4-70）。

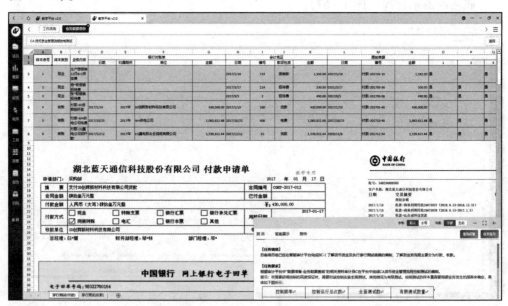

图 4-69

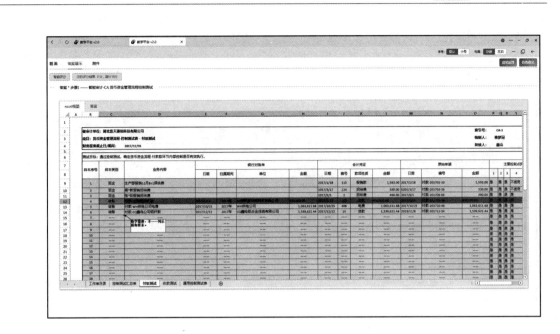

图 4-70

步骤2：根据付款单及中国银行的对账单填写付款测试表（图4-71、图4-72）。

图 4-71

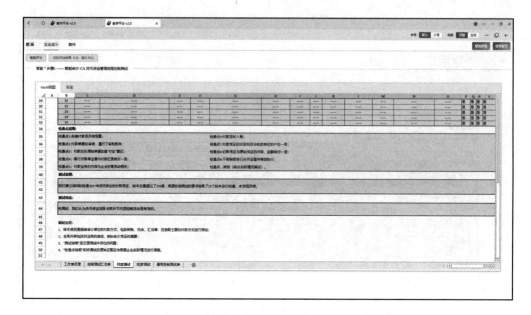

图 4-72

重点还是要关注检查点、测试说明和测试结论。

步骤3：收款业务的操作方法同理，结果如图4-73、图4-74所示。

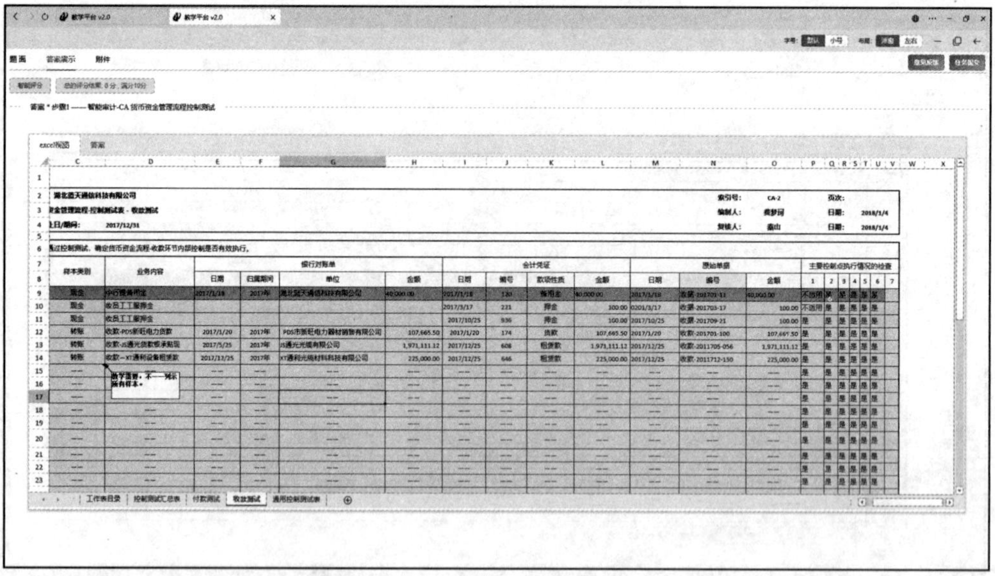

图 4-73

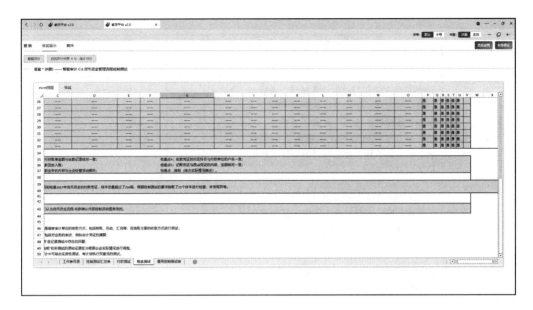

图 4-74

业务评价

项目4 实施控制测试评测量表

学生姓名		班级		学号	
实训日期					
实训地点		指导教师			

实训目标	内容	分值	自我评分	小组评分	教师评分	总分
知识目标 (20分)	1. 了解控制测试的性质、含义及要求	5分				
	2. 掌握控制测试的时间、范围	5分				
	3. 熟悉销售与收款循环、采购与付款循环、生产与存货循环、人事与工薪循环、筹资与投资业务循环、固定资产业务循环和货币资金循环的控制测试实施程序	10分				
技能目标 (60分)	1. 能够根据审计准则完成销售与收款业务循环、采购与付款业务循环、生产与存货业务循环、人事与工薪循环、投资与融资业务循环、货币资金业务循环相关报表项目的控制测试	30分				

续表

目标	内容	分值			
技能目标 （60 分）	2. 能够准确地获得控制是否有效运行的审计证据	5 分			
	3. 能够完成销售与收款业务循环、采购与付款业务循环、生产与存货业务循环、人事与工薪循环、投资与融资业务循环、货币资金业务循环等的关键控制点的测试表、汇总表等相关报表项目的审计工作底稿的编制	15 分			
	4. 能根据控制测试收集到的审计证据，做出职业判断，判断出企业的内部控制在防止或发现并纠正认定层次重大错报方面的运行是否有效	10 分			
素养目标 （20 分）	1. 通过学习《中华人民共和国会计法》《中华人民共和国注册会计师法》等法律法规，使法律意识得到提高	2 分			
	2. 学习《企业会计准则》《中华人民共和国国家审计准则》《中国注册会计师审计准则》《中国注册会计师职业道德守则》等准则，提高学生专业胜任能力	3 分			
	3. 在进行控制测试的过程中，能够运用准确的专业判断，采用适当的审计程序在重大错报方面验证内控的有效性	7 分			
	4. 在控制测试的过程中，对所获取的审计证据的可靠性保持职业怀疑，客观、公正地评价审计证据	8 分			
自我反思			综合 得分		
小组评价					
教师评价					

即测即练

项目 5　实施实质性程序

学习目标

知识目标：

1. 掌握实质性程序的性质、含义及要求。

2. 掌握实质性程序的时间、范围。

3. 掌握销售与收款循环、采购与付款循环、生产与存货循环、人事与工薪循环、投资与融资循环和货币资金循环的实质性程序实施。

技能目标：

1. 能根据审计准则实施销售与收款业务循环、采购与付款业务循环、生产与存货业务循环、人事与工薪循环、投资与融资业务循环、货币资金业务循环相关报表项目的实质性程序。

2. 能核对凭证账簿，发现审计风险和问题。

3. 能完成销售与收款业务循环、采购与付款业务循环、生产与存货业务循环、人事与工薪循环、投资与融资业务循环、货币资金业务循环相关报表项目的导引表、程序表、明细表、截止性测试表、完整性测试表、检查表、函证及监盘等审计工作底稿的编制。

4. 能根据实施实质性程序收集到的审计证据，做出职业判断，编制调整分录并填写在"明细表"的审计说明处。

素养目标：

1. 学习《中华人民共和国会计法》《中华人民共和国注册会计师法》等法律法规，增强学生的法律意识。

2. 学习《企业会计准则》《中华人民共和国国家审计准则》《中国注册会计师审计准则》《中国注册会计师职业道德守则》等准则，提高学生的专业胜任能力。

3. 在执行实质性程序的过程中，能运用准确的专业判断，采用适当的审计程序获取证据。

4. 在执行实质性程序的过程中，对所获取的审计证据的可靠性保持职业怀疑，客观、公正地评价审计证据。

情景概览

目前，项目组已经在智能审计平台完成了BC-6了解销售与收款流程及执行穿行测试（制造业）以及CF销售与收款流程控制测试（制造业）底稿的编制，并且获取了该公司的业务数据。

学习重点

1. 实施销售与收款业务循环实质性程序。
2. 实施采购与付款业务循环实质性程序。
3. 实施生产与存货业务循环实质性程序。
4. 实施工薪与人事业务循环实质性程序。
5. 实施筹资与投资业务循环实质性程序。
6. 实施货币资金业务循环实质性程序。

学习难点

1. 实施销售与收款业务循环实质性程序。
2. 实施采购与付款业务循环实质性程序。
3. 实施生产与存货业务循环实质性程序。

德技并修

1. 慎易以避难，敬细以远大

2021年1月11日，习近平总书记在省部级主要领导干部学习贯彻党的十九届五中全会精神专题研讨班上的重要讲话中引用此典故来提倡"继续谦虚谨慎、艰苦奋斗……全力办好自己的事，锲而不舍实现我们的既定目标。"此句出自《韩非子·喻老》："千丈之堤，以蝼蚁之穴溃；百尺之室，以突隙之烟焚……此皆慎易以避难，敬细以远大者也。"意思是，千里大堤，可能会因为有蝼蚁在打洞，而垮塌决堤；百尺高楼，可能会因为烟囱缝隙冒出火星引起火灾而焚毁……谨慎地对待容易的事以避免困难，郑重地对待细小的漏洞以远离大的灾祸。细节决定成败，只有一丝不苟，才能走向成功与辉煌。

审计人员在实质性程序阶段，也需要有这种谨小慎微的工作态度，越是看似简单容易的审计程序，越要谨慎对待，面对收集到的审计证据，一定要保持职业怀疑态度，客观、公正地评价其可靠性和相关性，合理、准确地使用职业判断，这样才能避免审计失败。

2. 思考与践行

诚信会计师事务所的审计人员认真学习了《企业会计准则》《中华人民共和国国家审计准则》《中国注册会计师审计准则》《中国注册会计师职业道德守则》等准则，了解并熟悉了在实质性程序阶段审计人员需要注意的问题。审计人员结合本项目具体情况，综合运用专业知识，规划了系列措施来应对识别出的审计风险，并且时刻提醒自己要保持正确的职业态度，客观公正地获取充分、适当的审计证据，尽力将审计风险降至可接受的低水平，以满足对财务报表发表审计意见的要求。

"慎易以避难，敬细以远大"既是习近平总书记对于党员的要求，也是审计人员顺利完成审计工作的基本职业素养要求。

知识准备

1. 学习《中华人民共和国注册会计师法》第五章实质性程序、第六章评价列报的适当性、第七章评价审计证据的充分性和适当性、第八章审计工作记录（见右侧二维码）。

2. 学习《中国注册会计师审计准则第 1314 号——审计抽样和其他选取测试项目的方法》（见左侧二维码）。

3. 学习《中国注册会计师审计准则第 1312 号——函证》（见右侧二维码）。

4. 学习《中国注册会计师审计准则第 1311 号——存货监盘》（见左侧二维码）。

业务5-1　实施销售与收款业务循环实质性程序

业务场景

目前，项目组已经在智能审计平台完成了 BC-6 了解销售与收款流程及执行穿行测试（制造业），以及 CF 销售与收款流程控制测试（制造业）底稿的编制，并且获取了公司的该业务数据。

业务目标

1. 根据审计平台中"数据准备－业务数据查询"的相关资料，审计员A进行S1营业收入及成本、Z4应收票据、Z5应收账款底稿编制；审计员B进行F9应交税费底稿编制；审计员C进行S3销售费用底稿编制。

2. 审计人员将自己负责的底稿的调整分录填写在"明细表"的审计说明处，项目经理复核底稿并在平台"账项调整"完成该循环的调整分录。

业务涉及岗位

审计经理、审计员A、审计员B、审计员C。

业务要求

1. 审计员A需填写S1营业收入及成本底稿中的导引表、明细表、主营业务月度毛利率分析表、其他业务毛利率分析表、收入与发票核对表、截止性测试表（主营业务收入）、完整性测试表。

2. 审计员A需填写Z4应收票据底稿中的明细表、明细表（续）－期末明细情况表、票据备查登记核对表、已背书未到期票据统计表、监盘表、应收票据函证结果汇总表、应收票据凭证抽查表、应收票据期后收款检查表。

3. 审计员A需填写Z5应收账款底稿中的导引表、明细表、函证结果明细表、函证地址核查表、未回函替代测试表、函证结果调节表、坏账准备测试表、应收账款凭证抽查表。

4. 审计员B需填写F9应交税费底稿中的导引表、明细表、主要税种纳税申报检查表、应交增值税明细表、应交增值税销项税金测算表、消费税、附加税费等测算表、房产税测算表。

5. 审计员C需填写S3销售费用底稿中的导引表、明细表、明细表（按月）、截止性测试表、销售费用凭证抽查表的编制，对于变动较大的费用明细，需要执行分析程序。

业务提示

1. 对应收账款的调整，需要考虑对坏账准备的影响金额。

2. 应收账款的期初账龄会在平台资料中给出，将其填在底稿上，期末账龄需对底稿中的计算结果进行复核；应收账款2015年的年末金额为49024735.47元。

3. 应收账款未回函的客户，需要执行替代测试程序。

4. 关于底稿的其他特殊说明及抽样方案见业务数据中的"答题补充说明"。

5. 应交增值税的应交税费和已交税金需要根据"纳税申报表"判断底稿中数据是否准确，如不准确则修改底稿。

业务实施

一、实施销售与收款业务循环实质性程序工作流程图

实施销售与收款业务循环实质性程序工作流程图，如图 5 -1 所示。

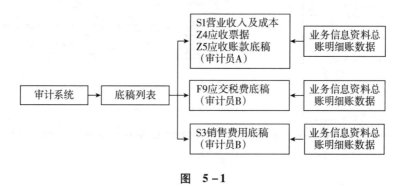

图 5 -1

二、操作指导

需要登录审计员 A 的账号，对营业收入及成本、应收票据、应收账款三个项目进行审计，完成 S1 营业收入及成本、Z4 应收票据、Z5 应收账款工作底稿的编制。

1. 审计营业收入及成本相关项目

登录审计员 A 账号，对 S1 营业收入及成本相关项目进行审计，同时完成相应的审计工作底稿 S1。

步骤 1：进入中联教育系统中，单击左侧"实质性程序实施"——"业务 1，审计前尽职调查"按钮，了解清楚业务背景和要求后，单击"智能审计"按钮，计入审计系统页面。

步骤 2：在"项目列表"页面找到需要审计的单位"湖北蓝天通信科技股份有限公司"，单击"进入"。

步骤 3：在"工作底稿"页面中，单击左上角"底稿列表"按钮，单击"实质性程序工作底稿"前"▼"下拉按钮，选择需要操作的底稿"S1 – 营业收入及成本"，找到业务要求导引表、明细表、主营业务月度毛利率分析表、其他业务毛利率分析表、收入与发票核对表、截止性测试表（主营业务收入）、完整性测试表相关工作底稿。填写相关底稿前，可以在线通过教学平台观看"操作录屏（营业收入

及成本实质性程序)",观看后进行填写,如图5-2所示。

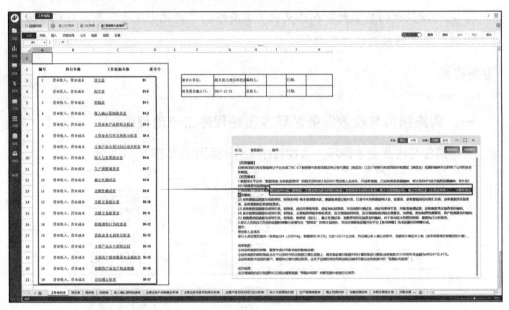

图 5-2

步骤4:单击"导引表"按钮,进入底稿表格页面,表格中黄色部分数字是通过从后续底稿中自动取数生成的,完成后续工作底稿后数字自动更新,无需填写,只需要完成后续底稿后,根据审计情况,填写"审计说明"和"审计结论"两部分内容。通过"访谈相关负责人"形式,完成底稿表格中蓝色部分。

步骤5:单击"明细表"页面选项,页面中黄色部分数字是通过从表内数字计算生成的,无需填写。本期数据已经导入表格,无需填写,只需填写"上期数"的蓝色部分,单击左侧功能键"数据"—"业务数据查询"—"营业收入及成本",单击查看背景数据填写相关内容,如图5-3所示,如果发现调整内容,则填写在"审计说明"项目中。

步骤6:单击"主营业务产品销售分析表"按钮,进入底稿表格,其中的黄色部分和"上年数"填写的规定与"明细表"相似,"本年数"需要填写,单击左侧"数据"—"财务数据查询"—"总账/明细账/凭证"按钮,单击查看相关"主营业务收入""主营业务成本"账户信息,填写"本年数"相关内容,背景数据中未提到的产品默认没有任何问题。注意查看"科目明细账"时,可以查看相关产品的数量信息。可以分析本期重要产品/收入类别的售价、单位成本、毛利率,并与上期比较,检查是否存在异常,各期之间是否存在重大波动,查明原因,如图5-4所示。

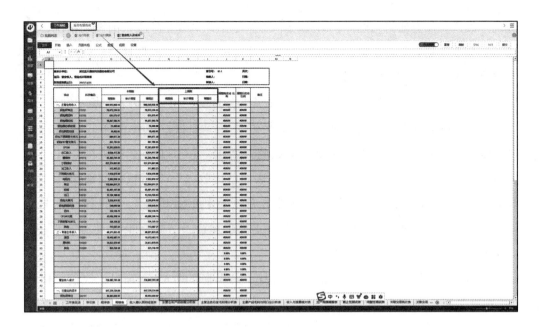

图 5-3

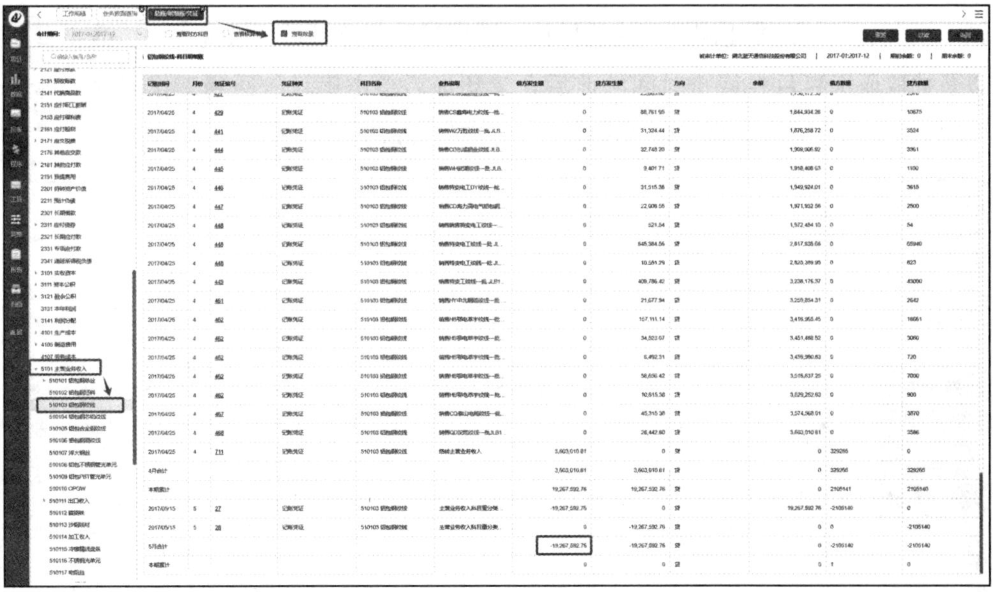

图 5-4

步骤7：单击页面下方"主营业务月度毛利率分析表"项目，工作底稿表格中的黄色部分和"上年数"的规定和填写与"明细表"相似，注意填写"本年数"时需要单击左侧"数据"—"财务数据查询"—"总账/明细账/凭证"，单击查看相关"主营业务收入""主营业务成本"账户信息填写相关内容，背景数据中未提到的产品默认没有任何问题。同时比较本期各月各类主营业务收入的波动情况，思考分析其变动趋势是否正常，是否符合被审计单位季节性、周期性的经营规律，查明异常现象和重大波动的原因。

"其他业务月度毛利率分析表"与"主营业务月度毛利率分析表"填写同理。

步骤8：单击页面下方"收入与发票核对表"项目，审计工作底稿表格中"本期开具的发票"项目填写需要单击左侧"数据"—"业务数据查询"—"营业收入及成本"的背景资料填写，"本期账面已记收入"项目根据前面填写"主营业务月度毛利率分析表"和"其他业务月度毛利率分析表"中的各月数据填写。本底稿可用于通过增值税发票申报表或普通发票，估算全年收入，与实际收入金额比较。

步骤9：单击页面下方"截止性测试表（主营业务收入）"项目，底稿表格中"从发货单到明细账"项目填写需要单击左侧功能键"数据"—"业务数据查询"—"营业收入及成本"的背景资料所给信息填写，"从明细账到发货单"项目可以根据背景资料所给信息填写，实际工作中，也可以利用"工具"—"截止测试"功能完成，在截止测试页面选择相应的项目，会计科目、借贷方向、截止日期以及抽取所选科目在截止时间的前后几笔凭证后单击确认，回到工作底稿，单击"刷新"按钮，系统会自动筛选出相关的凭证号等信息，如图5-5所示。

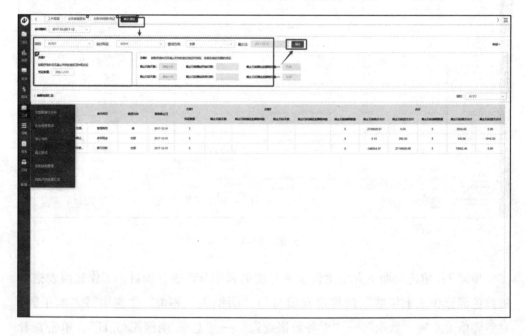

图 5-5

"完整性测试表"底稿根据"数据"—"业务数据查询"—"营业收入及成本"中的背景资料填写。

2. 审计应收票据项目

登录审计员 A 的账号，对应收票据相关项目进行审计，同时完成相应的审计工作底稿 Z4。

明确审计员 A 需要完成的底稿有明细表、明细表（续）－期末明细情况表、票据备查登记核对表、已背书未到期票据统计表、监盘表、应收票据函证结果汇总表、应收票据凭证抽查表、应收票据期后收款检查表。填写相关底稿前，可以在线通过教学平台观看"操作录屏（应收票据实质性程序）"后进行填写，如图 5 - 6 所示。

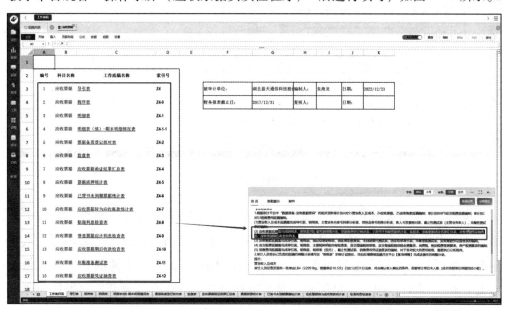

图　5 - 6

步骤 1：单击"导引表"按钮，进入底稿页面，黄色部分数字通过从后续底稿中自动取数生成，完成后续工作底稿后数字自动更新，无需填写，只需要完成后续底稿后，根据审计情况，填写蓝色部分、"审计说明"和"审计结论"三部分内容。表格中第一部分"账面余额"，要求与"数据"—"财务数据查询"—"总账/明细账/凭证"账簿的数据核对确保数据一致。表格中第二部分"坏账准备"项目的关于金额，这部分底稿颜色显示是蓝色，需要结合"总账/明细账/凭证"中关于坏账准备科目的余额填写。第三部分的账面价值是由系统自动计算的。把账面的余额和坏账准备填写完毕之后，就会计算出账面价值。关于"报表数"项目根据取得的未审报表和最终审定后的报表来填写。对于"审计说明"项目，反映应收票据科目核算的内容以及本期的增减变动的原因，以及审计过程中发现的问题和调整事项等。"审计结论"项目，根据我们最终的审计结果来选定一个适用的审计结论即可，如图 5-7 所示。

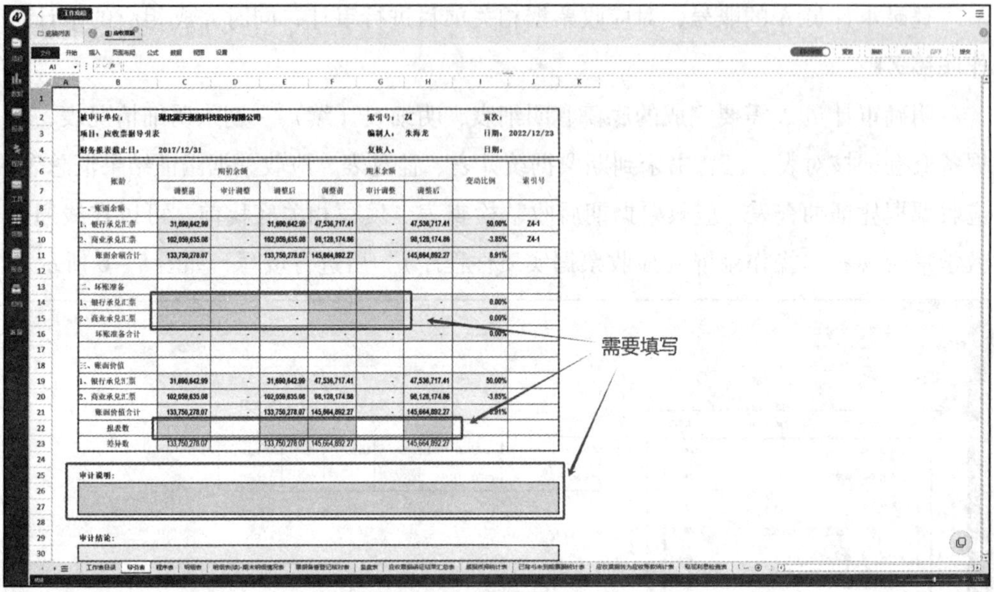

图 5-7

步骤 2：单击页面下方"明细表"按钮，进入工作底稿页面，黄色部分数字是通过从表内数字计算生成的，无需填写。本期数据已经导入表格，无需填写，只需单击"数据"—"财务数据查询"—"总账/明细账/凭证"账簿的数据核对确保数据一致。"审计说明"项目用来记录在审计过程中发现有需要调整的事项的调整分录，如图 5-8 所示。

步骤 3：单击"明细表（续）-期末明细情况表"按钮，进入底稿表格页面，根据"数据"—"业务数据查询"—"应收票据"中的"2017 年票据备查簿"给出的信息进行填写。"明细表（续）-期末明细情况表"底稿包含银行承兑汇票、商业承兑汇票两部分内容。"是否是关联方"根据这个出票人的情况来填。"是否函证"项目，根据"业务数据查询"—"应收票据"中的"回函情况统计表"数据完成填写。

步骤 4：单击"票据备查登记核对表"按钮，进入底稿页面，根据"数据"—"业务数据查询"—"应收票据"中的"2017 年票据备查簿"给出的信息填写"出票日期""出票人全称""票据号""银行承兑汇票/商业承兑汇票""出票日期"和"票据到期日"等项目，然后根据"核对标识符说明"的要求，逐一核对一致后打钩，如图 5-9 所示。

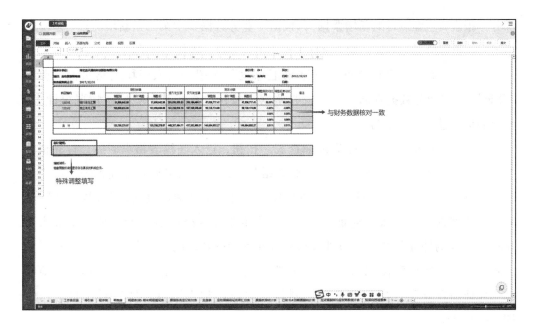

图 5-8

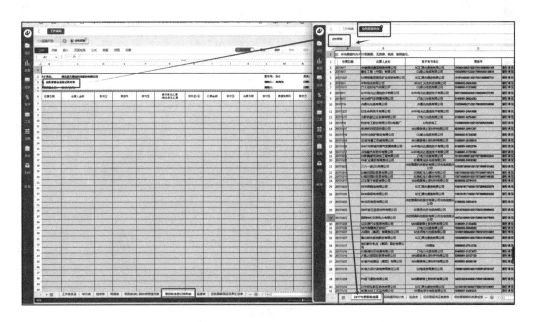

图 5-9

步骤5：单击"监盘表"按钮进入底稿，需要根据"数据"—"业务数据查询"—"应收票据"中的"监盘表"给出的信息填写。第一部分"盘点日实存票据"，只需填写"银行承兑汇票"和"商业承兑汇票"各自合计的金额，"票据号"项目不再填写。第二部分"报表日至盘点日的减少票据"没有信息，不用填写。第三

129

部分"报表日至盘点日的新增票据",根据"业务数据"中第二条新增的银行承兑汇票填写。正常情况无差异,如果审计工作中出现差异,查找差异原因并填写。

步骤6:单击"应收票据函证结果汇总表"按钮,进入底稿表格页面,单击"数据"—"业务数据查询"—"应收票据"按钮,查找其中"回函情况统计表"给出的信息进行底稿填写。

步骤7:单击"应收票据凭证抽查表"按钮,进入底稿表格页面后,首先根据"数据"—"业务数据查询"—"应收票据"中的"应收票据凭证抽查表"给出的信息进行抽样。单击"工具"—"审计抽样"进入审计抽样页面,"抽样方案"选择"应收票据-应收票据凭证抽查表",按照业务数据提示"借方抽取金额大于18800000元的凭证"和"贷方抽取金额大于5990000元的凭证",采用分层抽样的方式借贷方各抽取5笔凭证,单击"勾选凭证"后,再单击"保存",返回"应收票据凭证抽查表"底稿后,单击"刷新"更新出抽样数据,然后对比打钩,如图5-10所示。

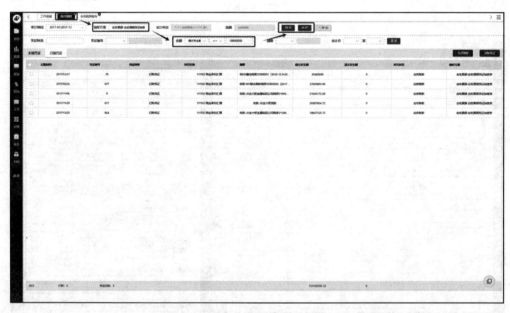

图　5-10

步骤8:单击"应收票据期后收款检查表"按钮,进入底稿表格页面,根据"数据"—"业务数据查询"—"应收票据"页面中的"应收票据期后收款检查表"给出的信息填写除"确认收款情况"以外项目后,单击进入"数据"—"财务数据查询"—"总账/明细账/凭证"页面,选择"2018会计年度",查询"应收票据"相关明细账信息确认收款情况后填写。

3. 审计应收账款项目

登录审计员 A 账号,对应收账款相关项目进行审计,同时完成相应的审计工作底稿 Z5。(进入底稿参照 S1 营业收入及成本)

明确审计员 A 需完成导引表、明细表、函证结果明细表、函证地址核查表、未回函替代测试表、函证结果调节表、坏账准备测试表、应收账款凭证抽查表的编制。填写相关底稿前,可以在线通过教学平台观看"操作录屏(应收账款实质性程序)"后进行填写,如图 5 – 11 所示。

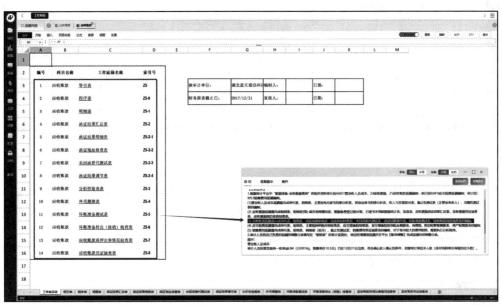

图 5 – 11

步骤 1:单击"导引表"按钮,进入底稿表格页面,表中黄色部分数字是通过从后续底稿中自动取数生成的,完成后续工作底稿后数字自动更新,无需填写,只需要完成后续底稿后,根据审计情况,填写蓝色部分、"审计说明"和"审计结论"三部分内容。表格中蓝色部分,要求与"数据"—"业务数据查询"—"应收账款"业务数据填写。关于"报表数"项目根据取得的未审报表和最终审定后的报表来填写。对于"审计说明"项目,反映应收票据科目核算的内容以及本期的增减变动的原因,以及审计过程中发现的问题和调整事项等。"审计结论"项目,根据我们最终的审计结果来选定一个适用的审计结论即可,如图 5 – 12 所示。

步骤 2:单击"明细表"按钮,进入底稿表格页面,表中黄色部分数字通过从表内数字计算生成,无需填写。本期数据已经导入表格,无需填写,只需单击"数据"—"财务数据查询"—"总账/明细账/凭证"按钮,查看账簿的数据核对是否

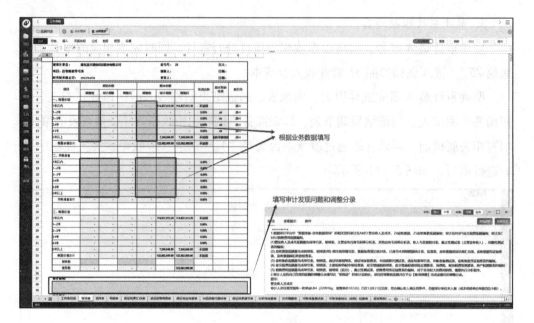

图 5-12

一致，不一致进行调整。"是否为关联方""坏账计提方法""款项性质"和"应收账款期初账龄"项目需要单击"数据"—"业务数据查询"—"应收账款"按钮，在表格数据中查找"应收账款期初账龄"信息进行填写。表格最下面的"坏账计提比例"按照企业背景资料进行更新，如图 5-13 所示。

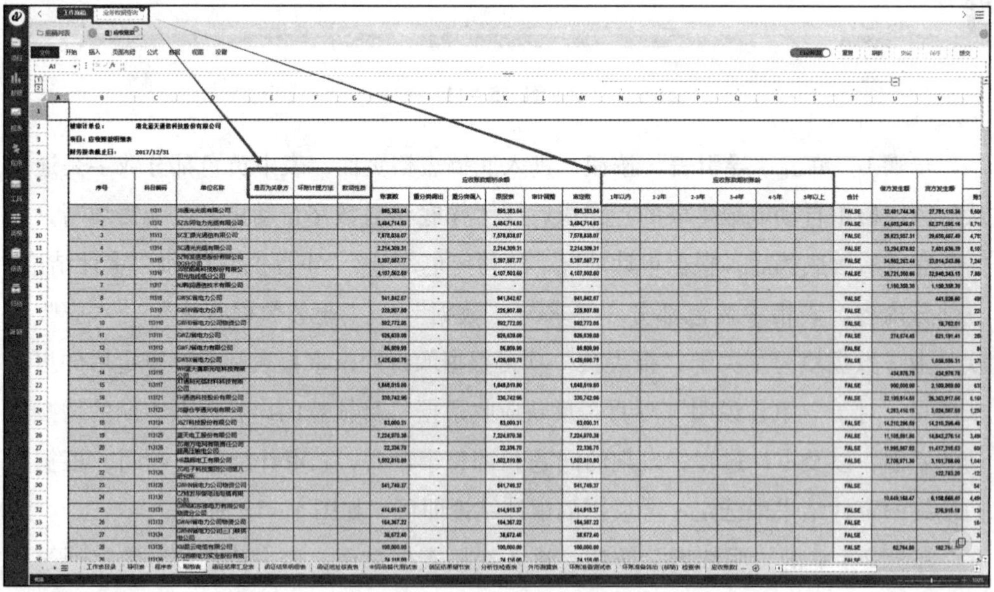

图 5-13

步骤3：单击"函证结果明细表"按钮，进入底稿表格页面后，首先单击"数据"—"业务数据查询"—"应收账款"按钮，在数据页面查找"应收账款发函清单"和"应收账款回函情况统计表"给出的信息填写底稿相关项目。

步骤4："函证地址核查表"底稿，在"函证结果明细表"底稿完成后，基础数据会自动生成，只需根据根据"数据"—"业务数据查询"—"应收账款"中的"应收账款发函清单"和"应收账款回函情况统计表"给出的信息填写相关项目填写剩余项目。需要注意"审计人员通过高德地图对回函地址进行核查，发函地址未发现异常"。

步骤5："未回函替代测试表"底稿，针对未收到回函的项目进行替代测试，测试方式有两种"期末余额的支持证据检查"和"复核期后收款情况"。可以根据"数据"—"财务数据查询"—"总账/明细账/凭证"账簿的数据进行填写。

步骤6："坏账准备测试表"底稿根据"数据"—"业务数据查询"—"应收账款"中的"应收账款坏账政策"和"应收账款导引表"给出的信息填写相关项目。

步骤7："应收账款凭证抽查表"底稿首先根据"数据"—"业务数据查询"—"应收票据"中的"应收票据凭证抽查表"给出的信息进行抽样。单击"工具"—"审计抽样"进入审计抽样页面，"抽样方案"选择"应收票据 - 应收票据凭证抽查表"，按照业务数据提示"借方抽取金额大于18800000元的凭证"和"贷方抽取金额大于2000000元的凭证"，采用分层抽样的方式借贷方各抽取5笔凭证，单击"勾选凭证"后单击"保存"。返回"应收票据凭证抽查表"底稿后，单击"刷新"更新出抽样数据，然后逐一核对：①原始凭证内容完整。②有授权批准。③会计处理正确。④所收款项与经营活动相关。⑤账证的内容、金额相符。核对后在项目后打钩，如图5-14所示。

4. 审计应交税费项目

需要登录审计员B的账号，对F9应交税费项目进行审计，完成相关审计工作底稿，进入底稿程序参照S1营业收入及成本底稿。

明确审计员B需完成导引表、明细表、主要税种纳税申报检查表、应交增值税明细表、应交增值税销项税金测算表、消费税、附加税费等测算表、房产税测算表的编制。填写相关底稿前，可以在线通过教学平台观看"操作录屏（应交税费实质性程序）"后进行填写，如图5-15所示。

步骤1："导引表"页面的黄色部分数字是通过从后续明细底稿中自动取数生成的，完成后续工作底稿后数字自动更新，无需填写。"审计说明"项目应反映审计

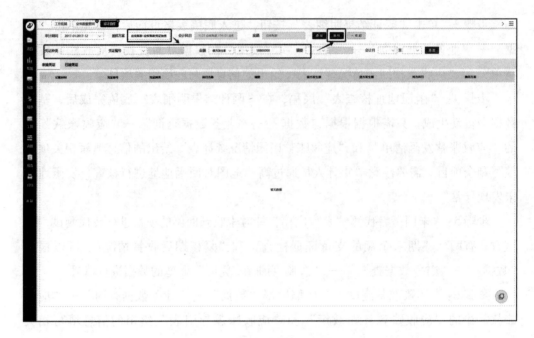

图 5 – 14

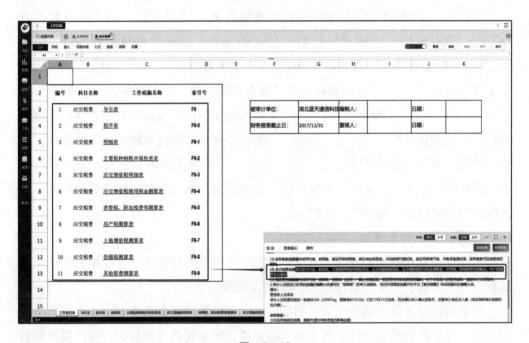

图 5 – 15

过程中发现的问题和调整事项等。填写"审计结论"项目时，根据最终的审计结果选定一个适用的审计结论即可。

步骤 2："明细表"页面的黄色部分数字通过从表内数字计算生成，无需填写。

"期初余额""期末余额""本期已交""本期未交"项目根据"数据"—"财务数据查询"—"总账/明细账/凭证"账簿的数据信息比对分析填写，也可以利用"数据"—"科目对应底稿"功能，在"科目对应底稿"页面左侧"底稿名称"下找到需要对应的底稿名称"F9 应交税费"，然后在页面右侧"科目列表"中找到对应填写的科目，鼠标左键拖动科目到右侧"F9 应交税费"的相应项目名称上即可建立对应关系，然后回到底稿单击"刷新"，即可获得相应科目数据，如图 5 – 16 所示。

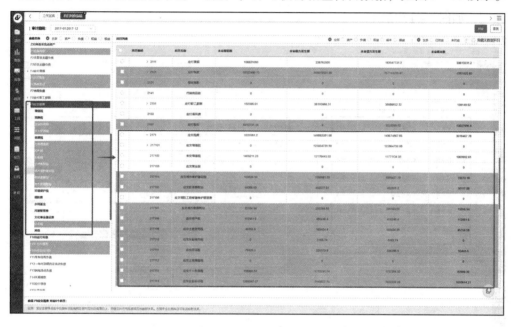

图 5 – 16

步骤 3："主要税种纳税申报检查表"底稿根据"数据"—"业务数据查询"—"应交税费"中的"主要税种纳税申报检查表"给出的信息填写相关项目。

步骤 4："应交增值税明细表"底稿根据"数据"—"业务数据查询"—"应交税费"中的"增值税纳税审报表"给出的信息填写相关项目。

步骤 5："应交增值税销项税金测算表"底稿根据"数据"—"财务数据查询"—"总账/明细账/凭证"账簿的数据信息比对分析填写。

步骤 6："附加税费等测算表"根据"数据"—"财务数据查询"—"总账/明细账/凭证"账簿的数据信息比对分析填写。（会出现差异，请检查原因并将形成原因填写在"审计说明"里）。

步骤 7："房产税测算表"底稿根据"数据"—"财务数据查询"—"总账/明细账/凭证"账簿的数据信息计算填写。

5. 审计销售费用项目

需要登录审计员 C 的账号，对销售费用项目进行审计，完成相关审计工作底稿，进入底稿程序参照 S1 营业收入及成本底稿。

明确审计员 C 需完成导引表、明细表、明细表（按月）、截止性测试表、销售费用凭证抽查表的编制，对于变动较大的费用明细，需要执行分析程序。填写相关底稿前，可以在线通过教学平台观看"操作录屏（销售费用实质性程序）"后进行填写，如图 5－17 所示。

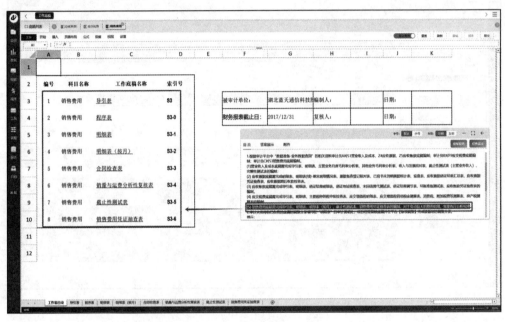

图　5－17

步骤 1："导引表"页面的黄色部分数字通过从后续明细底稿中自动取数生成，完成后续工作底稿后数字自动更新，无需填写，"审计说明"项目应反映审计过程中发现的问题和调整事项等。填写"审计结论"项目时，根据我们最终的审计结果来选定一个适用的审计结论即可。

步骤 2："明细表"页面的黄色部分数字通过从表内数字计算生成，无需填写。其他项目根据"数据"—"财务数据查询"—"总账/明细账/凭证"账簿的数据信息和"数据"—"业务数据查询"—"销售费用"明细表分析填写。

步骤 3："明细表（按月）"页面的黄色部分数字通过从表内数字计算生成，无需填写。其他项目根据"数据"—"财务数据查询"—"总账/明细账/凭证"明细账账簿的数据信息和"数据"—"业务数据查询"—"销售费用"—"明细表"

分析填写。

步骤4："截止性测试表"底稿根据左侧功能键"数据"—"业务数据查询"—"销售费用"的背景资料所给信息填写。实际工作中，也可以利用"工具"—"截止测试"功能完成，在截止测试页面选择相应的项目，包括会计科目、借贷方向、截止日期，以及抽取所选科目在截止时间的前后几笔凭证后单击确认，回到工作底稿，单击"刷新"按钮，系统会自动筛选出相关的凭证号等信息，如图5-18所示。

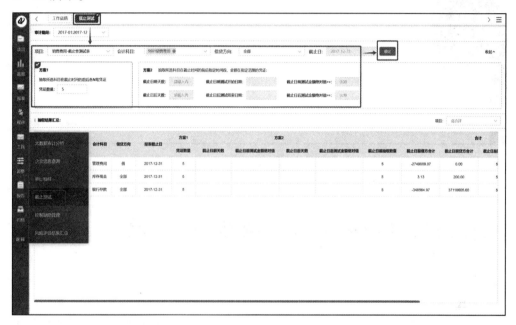

图 5-18

步骤5：填写"销售费用凭证抽查表"底稿时，首先根据"数据"—"业务数据查询"—"销售费用"中的"销售费用凭证抽查表"给出的信息对凭证进行抽样。单击"工具"—"审计抽样"进入审计抽样页面，"抽样方案"选择"销售费用-销售费用凭证抽查表"，按照业务数据提示"借方抽取金额大于1990000元的凭证"，采用分层抽样的方式借贷方各抽取5笔凭证，单击"勾选凭证"—"保存"，返回"销售费用凭证抽查表"底稿后，单击"刷新"更新抽样数据，然后逐一核对：①开支与销售业务有关。②项目划分合理、原始凭证合规。③明细账、记账凭证、原始凭证金额相符。④有适当的授权批准。⑤会计处理正确。核对后在项目后打钩，如图5-19所示。

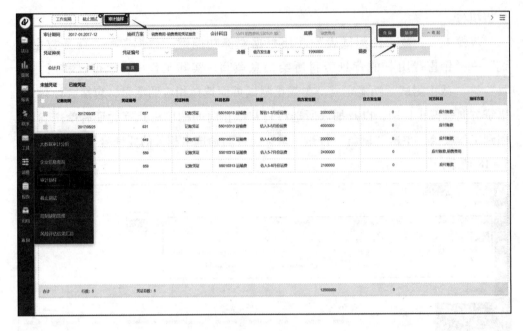

图 5-19

业务5-2　实施采购与付款业务循环实质性程序

业务场景

目前审计人员已经在智能审计平台完成了BC-2了解采购与付款流程及执行穿行测试（制造业）、CB采购与付款流程控制测试（制造业）、BC-7固定资产流程及执行穿行测试（制造业）以及CG固定资产流程控制测试底稿的编制，并且获取了公司的该业务数据。

业务目标

1. 根据审计平台中"数据准备-业务数据查询"的相关资料，审计员B在平台中进行F4应付票据、F5应付账款底稿的编制；审计员C进行Z21固定资产、Z25无形资产、Z28长期待摊费用、Z22A在建工程底稿的编制。

2. 项目经理在平台"账项调整"完成采购跨期业务的期末账项调整，并将调整分录填写在"明细表"的审计说明处。

业务涉及岗位

审计经理、审计员 B、审计员 C。

业务要求

1. 审计员 B 需要填写 F4 应付票据审计工作底稿中的导引表、明细表、期后付款检查表、应付票据备查簿检查表、应付票据凭证抽查表。

2. 审计员 B 需要填写 F5 应付账款审计工作底稿中的导引表、明细表、函证结果明细表、函证地址核查表、长期挂账及核销检查表、应付账款凭证抽查表。

3. 审计员 C 需要填写 Z21 固定资产审计工作底稿中的导引表、明细表、折旧测算表（年限平均法）、折旧分配检查表、盘点检查情况表、房屋权证查验、车辆权证查验、固定资产凭证抽查表。

4. 审计员 C 需要填写 Z25 无形资产底稿审计工作底稿中的导引表、明细表、摊销测算表（直线法）、摊销分配检查表、权证查验表、无形资产凭证抽查表。

5. 审计员 C 需要填写 Z28 长期待摊费用审计工作底稿中的导引表、明细表、摊销测算表（直线法）、摊销分配检查表、长期待摊费用凭证抽查表。

6. 审计员 C 需要填写 Z22A 在建工程审计工作底稿中的导引表、明细表、在建工程凭证抽查表。

业务提示

1. 填写应付账款的账龄时需要对底稿生成的账龄进行复核，对于重复的客商，需要合并之后考虑重分类及账龄情况。

2. 固定资产折旧测算差异，根据重要性原则只需对大于 10000.00 元或者是小于 -10000.00 的金额进行调整。

业务实施

一、采购与付款业务循环实质性程序实施工作流程图

采购与付款业务循环实质性程序实施工作流程图，如图 5-20 所示。

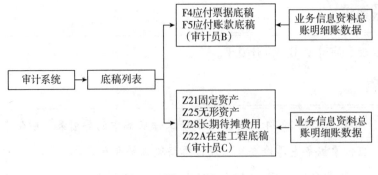

图 5－20

二、操作指导

1. 审计应付票据、应付账款项目

需要登录审计员 B 的账号，对应付票据项目、应付账款项目进行审计，完成 F4 应付票据、F5 应付账款审计工作底稿编制工作。

1）审计应付票据项目

登录审计员 B 账号，对应付票据项目进行审计，同时完成应付票据审计工作底稿 F4。

步骤 1：中联教育系统中，单击左侧"实质性程序实施"—"业务 2，采购与付款业务循环实质性程序实施"了解清楚任务背景和要求后，单击"智能审计"按钮，进入审计系统页面。

步骤 2：在"项目列表"页面找到需要审计的单位"湖北蓝天通信科技股份有限公司"，单击"进入"。

步骤 3：在"工作底稿"页面中，单击左上角"底稿列表"—"实质性程序工作底稿"前"▼"下拉按钮，选择需要操作的底稿"F4 应付票据"，进入页面明确任务要求。完成导引表、明细表、期后付款检查表、应付票据备查簿检查表、应付票据凭证抽查表底稿填写，如图 5－21 所示。填写相关底稿前，可以在线通过教学平台观看"操作录屏（应付票据质性程序）"，观看后进行填写。

步骤 4：单击"导引表"按钮，进入底稿表格页面，表格黄色部分数字是完成审计后续工作底稿后系统自动取数生成的。根据审计情况手动填写"审计调整"项目数字和"审计说明"，然后选择相应的"审计结论"。当前需要填写"报表数"部分内容，如图 5－22 所示，通过左边"报表"—"未审报表"相关项目填写。

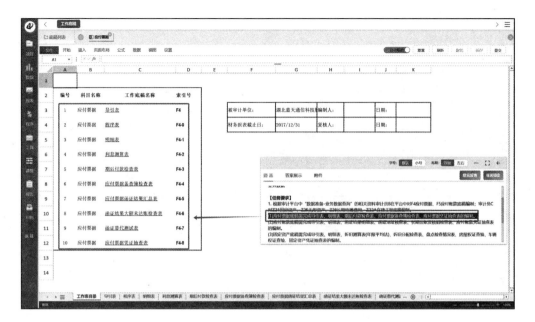

图 5-21

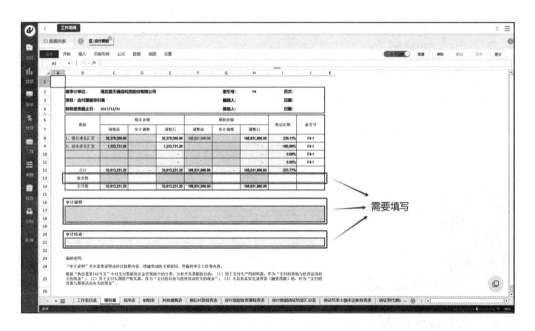

图 5-22

步骤5：单击"明细表"按钮，进入表格页面，单击左侧功能键"数据"—"业务数据查询"—"应付票据"，查看背景数据，根据"应付票据备查簿"给出信息填写相关项目。需要注意，"币种"项目如无特殊说明一般默认为"人民币"（图5-23）。

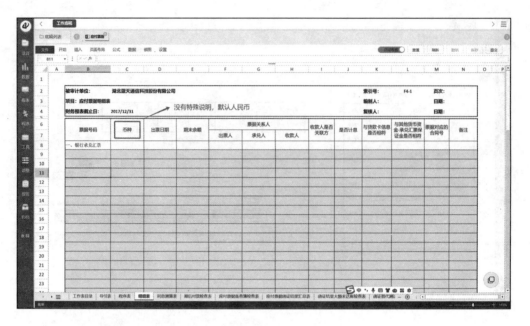

图 5-23

步骤6：单击"期后付款检查表"按钮，进入表格填写页面，单击"数据"—"财务数据查询"—"总账/明细账/凭证"按钮，操作如图5-24所示，单击"总账/明细账/凭证"页面选择"会计期间"—"2018"，根据"应付票据"中2018年1月付款信息与"业务数据"—"应付票据备查簿"比对填写，如图5-25所示。

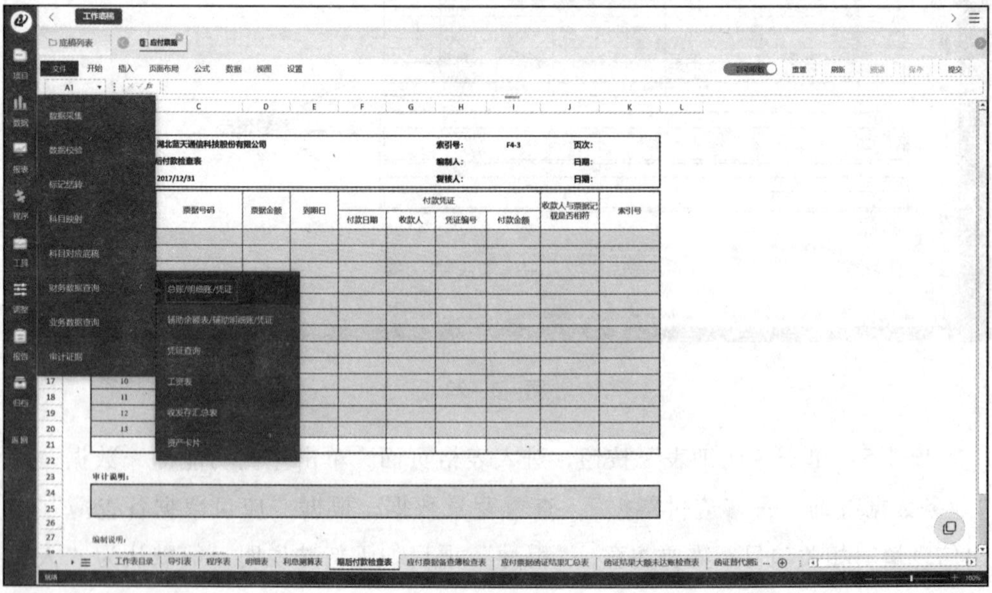

图 5-24

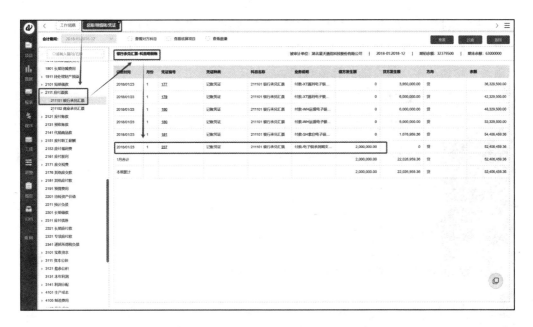

图 5-25

步骤7：单击"应付票据备查簿检查表"按钮，进入表格填写页面后，单击"业务数据"—"应付票据备查簿"按钮，根据相关数据分析填写底稿对应项目，如图5-26所示。

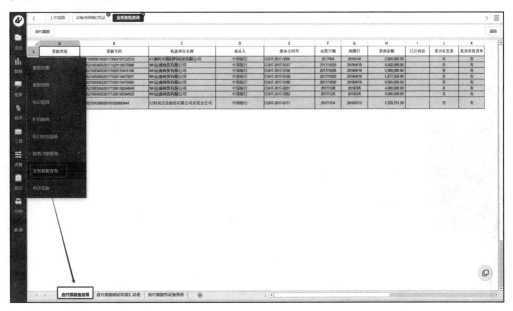

图 5-26

步骤8：单击"应付票据凭证抽查表"按钮，进入工作底稿填写页面，需要根据"业务数据"—"应付票据凭证抽查表"要求（图 5 – 27），利用"工具"—"审计抽样"进行数据提取，操作如图 5 – 28、图 5 – 29 所示，然后在底稿中单击"刷新"按钮，工具会自动取数填写。

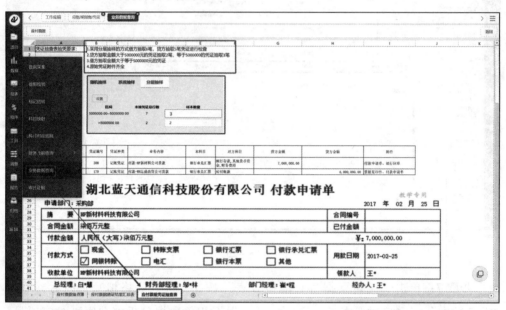

图　5 – 27

图　5 – 28

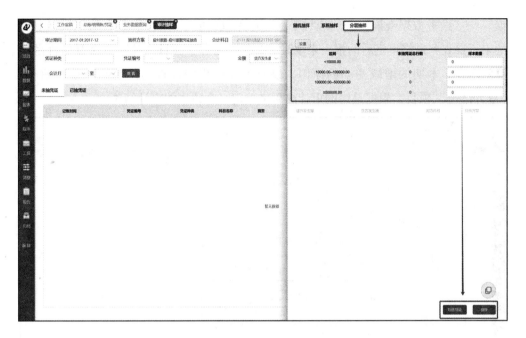

图 5-29

2）审计应付账款项目

登录审计员 B 账号，对应付账款项目进行审计，同时完成应付账款审计工作底稿 F5。

步骤 1：中联教育系统中，单击"实质性程序实施"—"业务 2，采购与付款业务循环实质性程序实施"了解清楚任务背景和要求后，单击下方"智能审计"按钮，进入审计系统页面。

步骤 2：在"项目列表"页面找到需要审计的单位"湖北蓝天通信科技股份有限公司"，单击"进入"。

步骤 3：在"工作底稿"页面中，单击左上角"底稿列表"按钮，单击"实质性程序工作底稿"前"▼"下拉按钮，选择需要操作的底稿"F5 应付账款"，进入页面明确任务要求。完成导引表、明细表、函证结果明细表、函证地址核查表、长期挂账及核销检查表、应付账款凭证抽查表的编制。填写相关底稿前，可以在线通过教学平台观看"操作录屏（应付账款质性程序）"，观看后进行填写。

步骤 4：单击页面下方"导引表"项目，进入底稿表格页面，表格黄色部分数字是通过从后续底稿中自动取数生成的，完成后续工作底稿后数字自动更新，无需填写，只需要完成后续底稿后，根据审计情况，填写蓝色部分、"审计说明"和"审计结论"三部分内容，如图 5-30 所示。表格中蓝色部分，要求根据"数据"—"业务数据查询"—"应付账款"业务数据填写。"报表数"项目根据取得的未审报表和最终审定后的报表来填写。"审计说明"项目应反映应付票据科目核算的内容、本期的增减变动的原因，以及审计过程中发现的问题和调整事项等。"审计结论"项目，根据最终的审计结果来选定一个适用的审计结论。

图 5-30

步骤5：单击页面下方"明细表"按钮，进入底稿表格页面，表格中黄色部分数字通过从表内数字计算生成，无需填写。"关联方情况"、"款项性质"和"应付账款期初余额"几项（图5-31）需要根据"数据"—"业务数据查询"—"应付账款"页面中"期初账龄"信息填写。（需要注意：①单位名称列浅红色表示客商的名称重复，重分类时需要将金额合计之后看余额是否为负数。②重分类调整金额需将名称重复的供应商余额合计后，判断是否需要重分类。③期末账龄需要对系统自动划分的账龄进行复核，对于重复客商的情况，合并余额后综合考虑账龄。④将业务数据复制粘贴数据到审计系统后，需检查粘贴后的数字格式）。

步骤6：单击页面下方"函证结果明细表"按钮，进入底稿表格页面，单击"数据"—"业务数据查询"—"应付账款"按钮，查找"应付账款发函清单"和"应付账款回函情况统计表"给出的信息，填写相关底稿项目。

步骤7：单击页面下方"函证地址核查表"按钮，进入底稿表格页面，在"函证结果明细表"底稿完成后，基础数据会自动生成，只需根据根据"数据"—"业

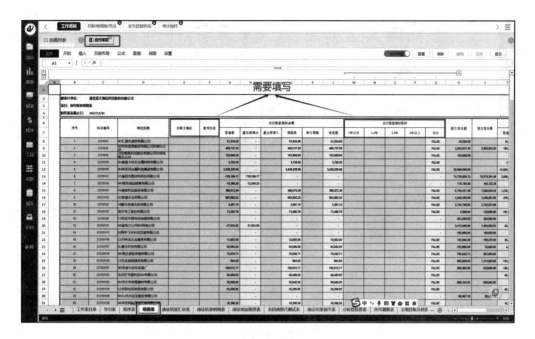

图 5-31

务数据查询"——"应付账款"中的"应收账款发函清单"和"应收账款回函情况统计表"给出的信息填写剩余项目。需要注意"审计人员通过高德地图对回函地址进行核查,发函地址未发现异常"。

步骤8:单击页面下方"长期挂账及核销检查表"底稿,审计企业是否有长期挂账情况,需要根据"数据"——"业务数据查询"——"应付账款"页面中"期初账龄"和"长期挂账及核销检查表"信息填写。需要注意"账龄超过1年的款项,均为货款,对方一直未索要。不属于无法支付及审计调整事项"。

步骤9:单击页面下方"应付账款凭证抽查表"底稿,首先根据"数据"——"业务数据查询"——"应付账款"中的"应付账款凭证抽查表"给出的信息进行抽样。单击"工具"——"审计抽样"进入审计抽样页面,"抽样方案"选择"应付账款–应付账款凭证抽查表",按照业务数据提示:①采用分层抽样的方式借贷方各抽取5笔凭证进行检查。②借方抽取金额大于17000000元的凭证。③贷方抽取金额大于18200000元的凭证。单击"勾选凭证"——"保存",返回"应付账款凭证抽查表"底稿后,单击"刷新"更新出抽样数据,然后逐一核对:原始凭证内容完整;有授权批准;会计处理正确;所收款项与经营活动相关;账证的内容、金额相符项目后打钩,如图5-32所示。

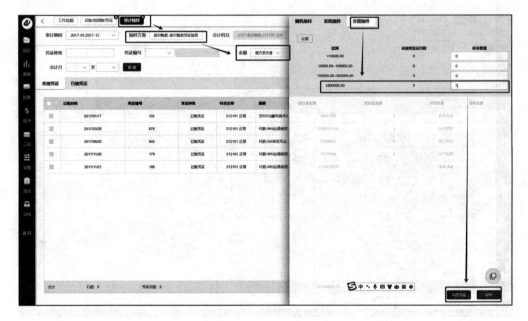

图 5-32

2. 审计固定资产、无形资产、长期待摊费用和在建工程项目

需要登录审计员 C 的账号，对固定资产、无形资产、长期待摊费用和在建工程项四个项目进行审计，完成相关审计工作底稿。审计固定资产项目工作底稿的填写步骤如下。

登录审计员 C 账号，对固定资产项目进行审计，同时完成固定资产审计工作底稿 Z21。

步骤 1：中联教育系统中，单击左侧"实质性程序实施"，然后单击右侧"业务 2，采购与付款业务循环实质性程序实施"了解清楚任务背景和要求后，单击下方"智能审计"按钮，进入审计系统页面。

步骤 2：单击"项目列表"页面找到需要审计的单位"湖北蓝天通信科技股份有限公司"，单击"进入"。

步骤 3：在"工作底稿"页面中，单击左上角"底稿列表"按钮，单击"实质性程序工作底稿"前"▼"下拉按钮，选择需要操作的底稿"Z21 固定资产"，进入页面明确任务要求。完成导引表、明细表、折旧测算表（年限平均法）、折旧分配检查表、盘点检查情况表、房屋权证查验、车辆权证查验、固定资产凭证抽查表的填写。填写相关底稿前，可以在线通过教学平台观看"操作录屏（固定资产实质性程序）"，观看后进行填写。

步骤 4：单击页面下方"导引表"页面，表格中黄色部分数字通过从后续底稿中自动取数生成,完成后续工作底稿后数字自动更新,无需填写,需要注意不要更改表格中的公式。项目审计后续完成后,根据审计情况,填写蓝色部分、"审计说明"和"审计结论"三部分内容,如图5-33所示。"审计说明"项目应反映应付票据科目核算的内容以及本期的增减变动的原因,以及审计过程中发现的问题和调整事项等。"审计结论"项目,根据最终的审计结果来选定一个适用的审计结论。

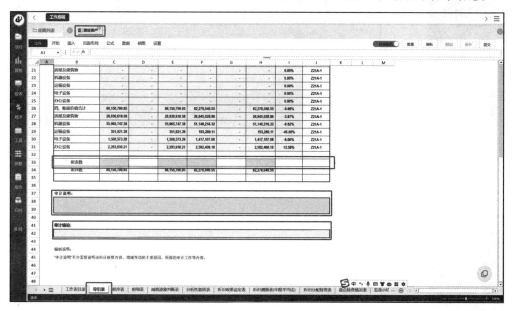

图 5-33

步骤5:单击页面下方"明细表"按钮,表格中黄色部分数字通过从表内数字计算生成,无需填写。蓝色部分可以根据"数据"—"财务数据查询"—"总账/明细账/凭证"页面中账户信息填写。数据量比较大时,也可使用审计系统提供的"科目对应底稿"批量导入操作,如图5-34所示(需要注意:确保两者核算内容一致)。如果发现审计调整事项,则在"审计说明"中填写调整分录,进行备注说明。

步骤6:单击页面下方"折旧测算表(年限平均法)"按钮,表格中部分信息系统已经从固定卡片账中导入,其他空白项目需要根据"数据"—"业务数据查询"—"固定资产"中的"折旧测算表(年限平均法)"和"企业背景信息"给出的信息分析填写,如图5-35所示。

步骤7:单击页面下方"折旧分配检查表"底稿,在"折旧测算表(年限平均法)"底稿完成后,结合"数据"—"财务数据查询"—"总账/明细账/凭证"中的"成本、费用"明细账中折旧金额分析填写,如图5-36所示。

步骤8:单击页面下方"盘点检查情况表"底稿,根据"数据"—"业务数据

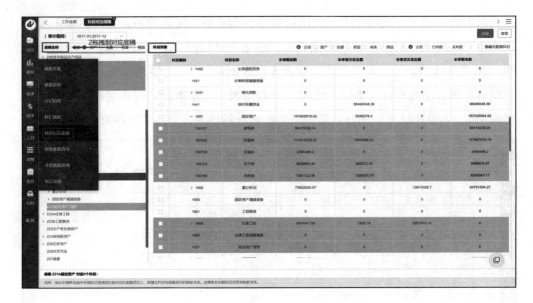

图 5-34

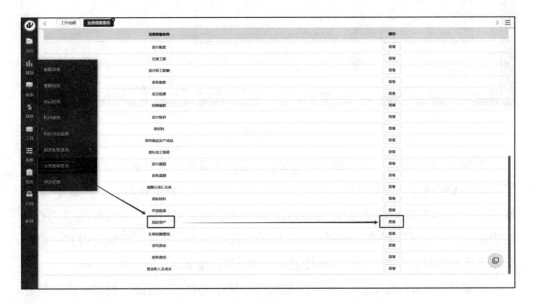

图 5-35

查询"—"固定资产"中2018年1月4日审计人员费梦珂与公司资产管理部人员刘×对公司固定资产进行盘点所得的"盘点检查情况表"填写。

　　步骤9：单击页面下方"房屋权证查验""车辆权证查验"底稿，根据"数据"—"业务数据查询"—"固定资产"中的"房屋权证查验""车辆权证查验"信息和"折旧测算表（年限平均法）"底稿分析填写。

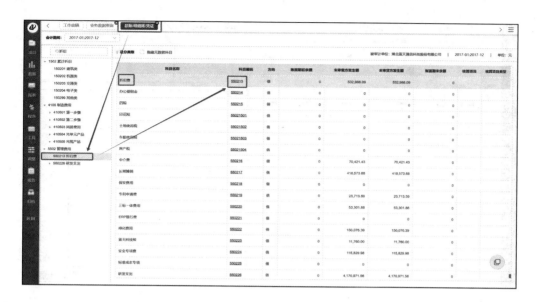

图　5－36

步骤10：单击页面下方"固定资产凭证抽查表"底稿，首先根据"数据"—
"业务数据查询"—"固定资产"中的"固定资产凭证抽查表"给出的信息进行抽
样。单击"工具"—"审计抽样"进入审计抽样页面，"抽样方案"选择"固定资
产-固定资产凭证抽查表"，按照业务数据提示：①采用分层抽样的方式借方抽取5
笔凭证进行检查。②借方抽取金额大于330000元的凭证。单击"勾选凭证"后单
击"保存"，返回"固定资产凭证抽查表"底稿后，单击"刷新"更新出抽样数
据，然后逐一核对后打钩，如图5－37、图5－38所示。

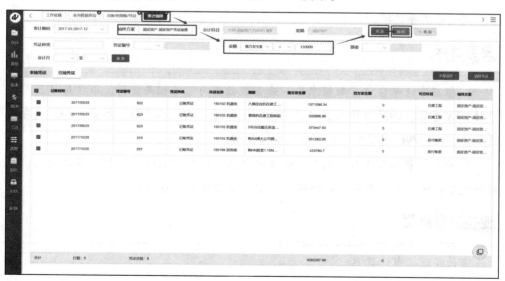

图　5－37

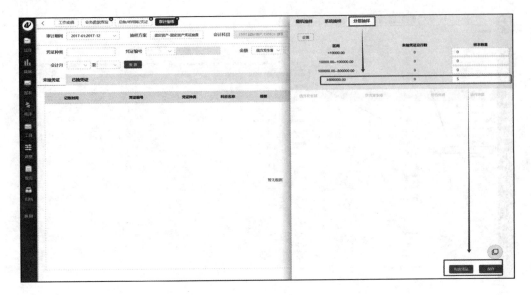

图 5-38

业务5-3 实施生产与存货业务循环实质性程序

业务场景

目前项目组已经在智能审计平台完成BC-5了解存货与成本流程及执行穿行测试（制造业）以及CE存货与成本流程控制测试（制造业）底稿的编制，并且获取了公司的该业务数据。

业务目标

1. 根据审计平台中"数据准备–业务数据查询"的相关资料，审计员B在平台中对Z9A存货、Z9H存货监盘程序、Z9B原材料、Z9C委托加工物资、Z9E库存商品及产成品、Z9G周转材料底稿实施实质性程序。

2. 审计人员将自己负责的底稿的调整分录填写在"明细表"的审计说明处，项目经理复核底稿并在平台"账项调整"完成该循环的调整分录。

业务涉及岗位

审计经理、审计员B。

业务要求

1. 审计员 B 需要填写 Z9A 存货底稿中的导引表、存货核算方法检查表、成本核算方法检查表。

2. 审计员 B 需要填写 Z9H 存货监盘程序底稿中的存货监盘计划、存货盘点抽查表、存货抽样监盘汇总表、存货明细账与盘点报告（记录）核对表、仓储情况检查、存货监盘报告。

3. 审计员 B 需要填写 Z9B 原材料底稿中的序表、明细表（1）、明细表（2）、原材料发出计价测试表（加权平均法）、原材料入库截止性测试表、原材料出库截止性测试表、原材料凭证抽查表。

4. 审计员 B 需要填写 Z9C 委托加工物资底稿中的程序表、明细表（1）、明细表（2）、委托加工物资凭证抽查表。

5. 审计员 B 需要填写 Z9E 库存商品及产成品底稿中的程序表、明细表（1）、明细表（2）、发出计价测试表（加权平均法）、入库截止性测试表、出库截止性测试表、库存商品凭证抽查表。

6. 审计员 B 需要填写 Z9G 周转材料底稿中的程序表、明细表、截止性测试表、周转材料凭证抽查表。

业务提示

1. 原材料发出计价测试表选取钢盘条 C72DAΦ5.5、钢丝 Φ3.00 两个品种进行测试。

2. 库存商品的发出计价测试表选取自制产品/单丝 LB1、自制产品/绞线 JLB4 两个品种进行测试。

业务实施

一、生产与存货业务循环实质性程序实施工作流程图

生产与存货业务循环实质性程序实施工作流程图，如图 5-39 所示。

图 5-39

二、操作指导

1. 存货相关审计工作底稿的编制

需要登录审计员 B 的账号，对营存货项目进行审计，完成 Z9A 存货、Z9H 存货监盘程序、Z9B 原材料、Z9C 委托加工物资、Z9E 库存商品及产成品、Z9G 周转材料审计工作底稿的编制（以"原材料"底稿为例，其他底稿填写与原材料底稿类似）。

1）审计存货项目

登录审计员 B 账号，对存货项目进行审计，同时完成存货审计工作底稿 Z9A。

步骤 1：在中联教育系统中，单击左侧"实质性程序实施"，然后单击右侧"业务 3，生产与存货业务循环实质性程序实施"，了解任务背景和要求后，单击下方"智能审计"按钮，进入审计系统页面。

步骤 2：单击"项目列表"页面找到需要审计的单位"湖北蓝天通信科技股份有限公司"，单击"进入"按钮。

步骤 3：单击"工作底稿"页面中的"底稿列表"按钮，单击"实质性程序工作底稿"前"▼"下拉按钮，选择需要操作的底稿"Z9A 存货"，进入页面明确任务要求。完成导引表、存货核算方法检查表、成本核算方法检查表底稿的编制，如图 5-40 所示。填写相关底稿前，可以在线通过教学平台观看"操作录屏（原材料实质性程序）"，观看后进行填写。

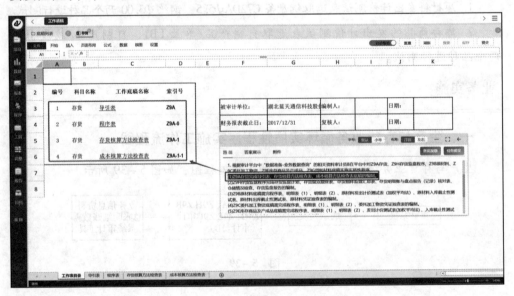

图 5-40

步骤4：单击页面下方"导引表"底稿，表格中蓝色部分数字由系统从存货下其他相关底稿自动取数生成，审计后续工作底稿完成后数据会自动汇总到本表格，请不要更改该表格内公式。根据审计情况，手动汇总存货下其他底稿备注事项，填写"审计说明"项目，然后选择相应的"审计结论"。

步骤5：单击页面下方"存货核算方法检查表""成本核算方法检查表"底稿，这两个底稿都是根据企业背景资料填写的，操作如图5-41所示。

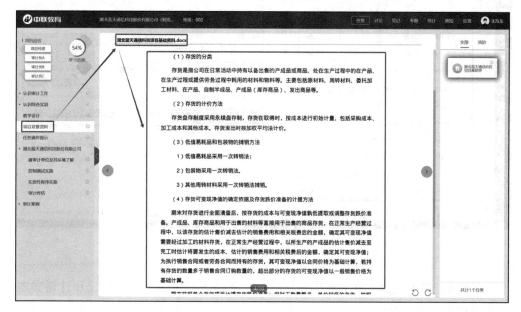

图 5-41

2）审计原材料项目

登录审计员 B 账号，对原材料账户进行审计，同时完成原材料审计工作底稿 Z9B。

步骤1：中联教育系统中，单击左侧"实质性程序实施"，然后单击右侧"业务3，生产与存货业务循环实质性程序实施"了解清楚任务背景和要求后，单击下方"智能审计"按钮，进入审计系统页面。

步骤2：在"项目列表"页面找到需要审计的单位"湖北蓝天通信科技股份有限公司"，单击"进入"。

步骤3：在"工作底稿"页面中，单击左上角"底稿列表"按钮，单击"实质性程序工作底稿"前"▼"下拉按钮，选择需要操作的底稿"Z9B 原材料"，进入页面明确任务要求。完成程序表、明细表（1）、明细表（2）、原材料发出计价测试表（加权平均法）、原材料入库截止性测试表、原材料出库截止性测试表、原材料凭证抽查表的编制，如图5-42所示。填写相关底稿前，可以在线通过教学平台观看"操作录屏（原材料实质性程序）"，观看后进行填写。"原材料"底稿没有导引表，其相关数据汇总到"存货"底稿导引表内。

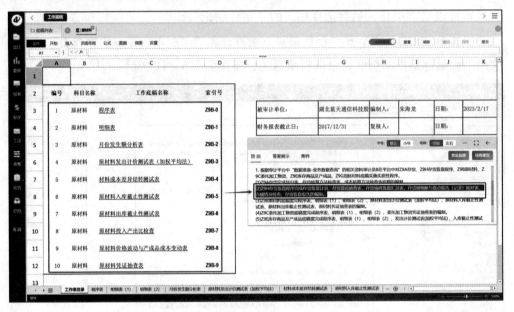

图 5-42

步骤4：单击页面下方"程序表"底稿，底稿表格包含了审计目标和计划实施的审计程序。审计程序系统设计了一套该项目需要进行的程序，执行了相关程序后在后面打钩，也可以根据需要进行增加和删减。

步骤5：单击页面下方"明细表（1）"和"明细表（2）"底稿，如图5-43所示，数据系统已经自动获取，审计员需要单击左侧功能键"数据"—"财务数据查询"—"总账/明细账/凭证"，根据"原材料"科目给出信息核对相关数据是否一致。如果发现审计调整事项，则审计员需要在"审计说明"中填写调整分录。需要注意，"明细表（1）"和"明细表（2）"金额需要核对一致。

步骤6："原材料发出计价测试表（加权平均法）"底稿的填写，单击"数据"—"业务数据查询"—"原材料"—"进入"按钮，进入"原材料发出计价测试表（加权平均法）"页面。如图5-44。查看业务要求，根据业务要求单击"总账/明细账/凭证"页面选择"原材料"；查找相应的材料明细账，在"明细账"页面选中"查看数量"，根据明细账中的相关信息填写底稿。操作如图5-45所示。

步骤7：单击页面下方"原材料入库截止性测试表"和"原材料出库截止性测

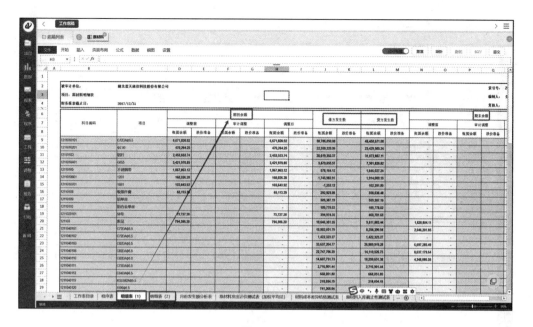

图 5-43

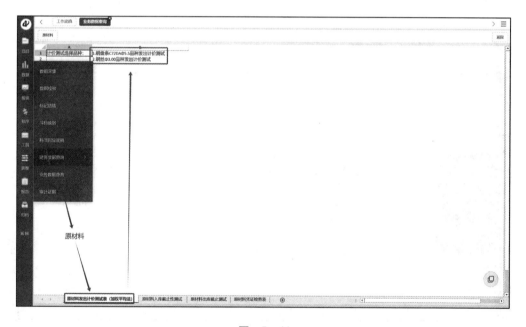

图 5-44

试表"底稿,根据"业务数据查询"页面中"原材料入库截止性测试"和"原材料出库截止性测试"给出的业务信息,查看业务要求后单击"工具"—"截止测试"进入截止测试页面,按照业务要求选择相关内容后单击"返回底稿",单击页面右上方"刷新"按钮后,页面会自动取数相关业务信息,根据业务信息填写剩余内容。操作如图 5 - 46 所示。

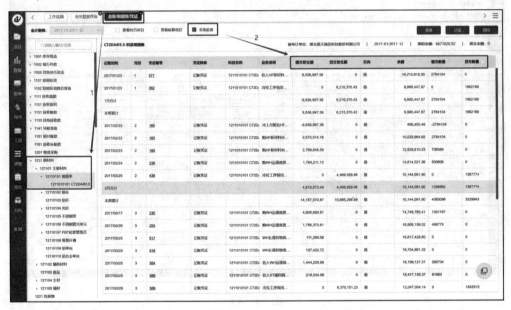

图 5 - 45

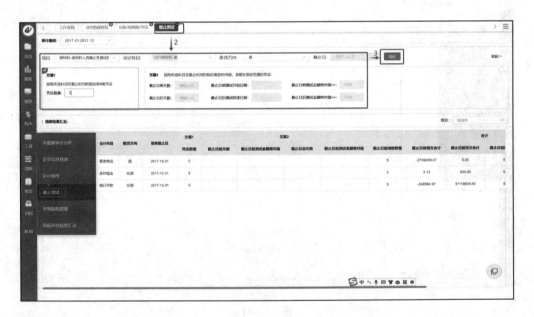

图 5 - 46

步骤 8：单击页面下方"原材料凭证抽查表"底稿，首先根据"数据"—"业务数据查询"—"原材料"中的"原材料凭证抽查表"给出的信息进行抽样。单击"工具"—"审计抽样"进入审计抽样页面，"抽样方案"选择"原材料 – 原材料凭证抽查表",按照业务数据提示:①采用分层抽样的方式借贷方各抽取5笔凭证进行检查。②借方抽取金额大于7700000元的凭证。单击"勾选凭证"后单击"保存",返回"原材料凭证抽查表"底稿后,单击"刷新"更新出抽样数据,然后对贷方再次重复上述抽样,条件为"贷方抽取金额大于8100000元的凭证",最后根据业务数据核对后逐一核对后打钩,如图5-47、图5-48所示。

图 5-47

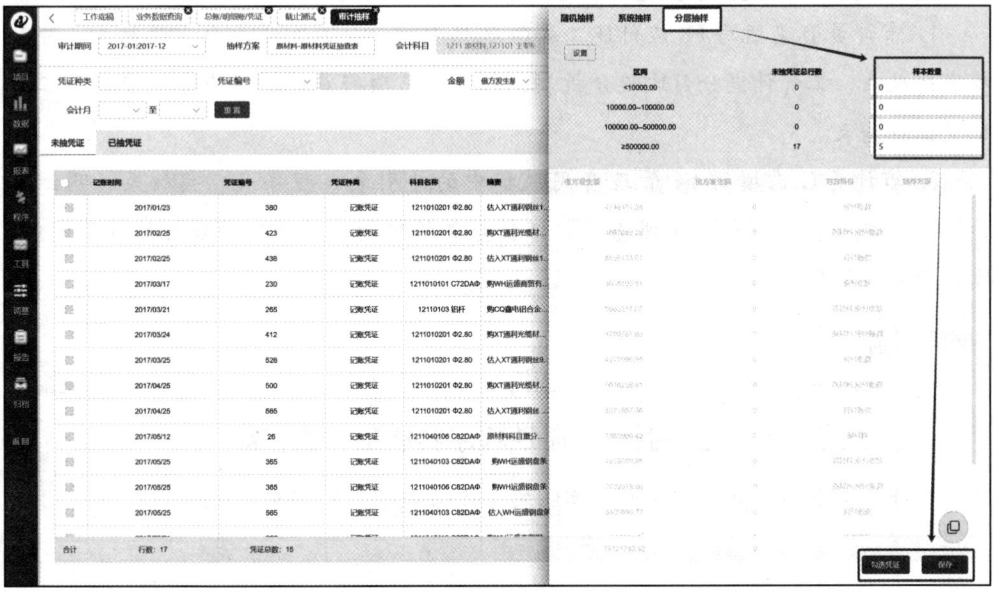

图 5-48

业务5-4 实施工薪与人事业务循环实质性程序

业务场景

目前审计人员已经在智能审计平台完成了BC-4了解工薪与人事流程及执行穿行测试（制造业）以及CD人事与工薪流程控制测试（制造业）底稿的编制，并且获取了公司的该业务数据。

业务目标

1. 根据审计平台中"数据准备-业务数据查询"的相关资料，审计员B在平台中完成F8应付职工薪酬的底稿、审计员C完成S4管理费用底稿。

2. 审计人员将自己负责底稿的调整分录填写在"明细表"的审计说明处，项目经理复核底稿并在平台"账项调整"完成该循环的调整分录。

业务涉及岗位

审计经理、审计员B、审计员C。

业务要求

1. 审计员B需填写F8应付职工薪酬底稿中的导引表、程序表、明细表、分配检查情况表、工资计提分月比较分析表、社保、三项经费计提检查表、应付职工薪酬凭证抽查表。

2. 审计员C需填写S4管理费用底稿中的导引表、程序表、明细表、明细表（按月）、截止性测试表、管理费用凭证抽查表的编制。对于变动较大的费用明细，需执行分析程序。

业务实施

一、工薪与人事业务循环实质性程序实施工作流程图

工薪与人事业务循环实质性程序实施工作流程图，如图5-49所示。

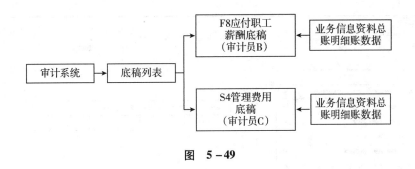

图 5-49

二、操作指导

对应付职工薪酬和管理费用两个项目进行审计，同时填写应付职工薪酬和管理费用的审计工作底稿 F8 和 S4。

1. 审计应付职工薪酬项目

登录审计员 B 账号，对应付职工薪酬项目进行审计，同时填写完成应付职工薪酬审计工作底稿 F8。

步骤1：在中联教育系统中，单击左侧"实质性程序实施"，然后单击右侧"业务4，工薪与人事业务循环实质性程序实施"了解清楚任务背景和要求后，单击下方"智能审计"按钮，进入审计系统页面。

步骤2：在"项目列表"页面找到需要审计的单位"湖北蓝天通信科技股份有限公司"，单击"进入"。

步骤3：在"工作底稿"页面中，单击左上角"底稿列表"按钮，单击"实质性程序工作底稿"前"▼"下拉按钮，选择需要操作的底稿"F8 应付职工薪酬"，进入页面明确任务要求。完成导引表、程序表、明细表、分配检查情况表、工资计提分月比较分析表、社保、三项经费计提检查表、应付职工薪酬凭证抽查表的填写，如图 5-50 所示。填写相关底稿前，可以在线通过教学平台观看"操作录屏（应付职工薪酬实质性程）"，观看后进行填写。

步骤4：单击页面下方"导引表"底稿，底稿表格中黄色部分数字系统自动取数生成，完成审计后续工作底稿后自动生成，无需填写。需要根据审计情况手动填写"审计调整"项目数字和"审计说明"，然后选择相应的"审计结论"。当前需要填写"报表数"部分内容，如图 5-51 所示，通过左边"报表"—"未审报表"相关项目填写。

步骤5：单击页面下方"程序表"底稿，表格包含了审计目标和计划实施的审计程序。审计程序系统为同学们设计了一套该项目需要进行的程序，执行了相关程

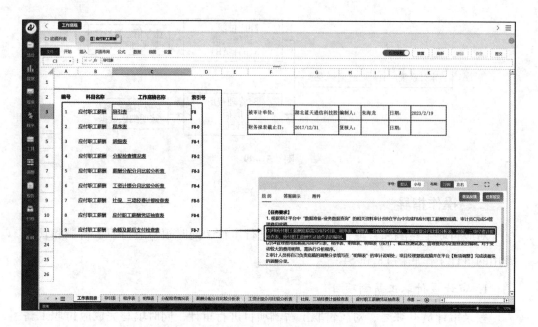

图 5-50

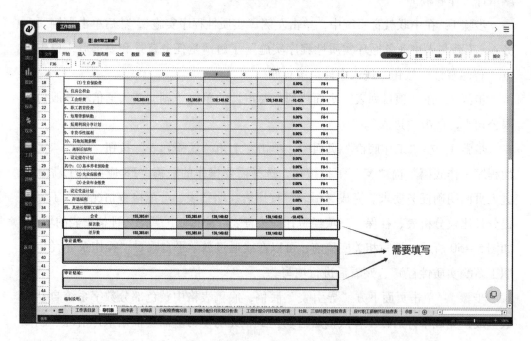

需要填写

图 5-51

序后在后面打钩，也可以根据需要进行增加和删减。

步骤6：单击页面下方"明细表"底稿，表格中黄色部分数字通过从表内数字计算生成，无需填写。蓝色部分可以根据"数据"—"财务数据查询"—"总账/

明细账/凭证"页面中"应付职工薪酬"明细账户信息填写。数据量比较大时，也可使用审计系统提供的"科目对应底稿"批量导入操作，如图5－52所示（需要注意确保两者核算内容一致），注意科目对应只能拖动明细账的最末级，对应关系建立后，回到工作底稿单击"刷新"按钮，系统会自动读取数据。如发现审计调整事项，在"审计说明"中填写调整分录，进行备注说明。

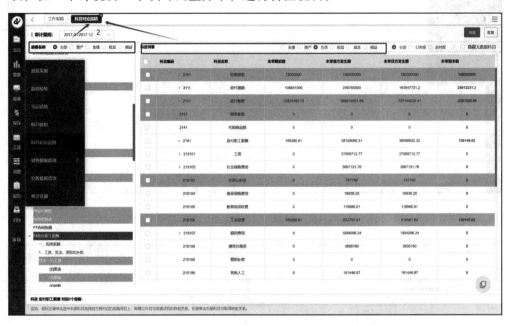

图 5－52

步骤7：单击页面下方"分配检查情况表"底稿后，进入"数据"—"财务数据查询"—"总账/明细账/凭证"页面，利用"总账/明细账/凭证"中相关明细账户信息，按照"业务数据"—"应付职工薪酬"中的"分配检查情况表"给出的提示："由于企业职工教育经费、工会经费和职工福利费计提的时统一计入科目三项计提，没有分开明细核算，是按照比例分别分配到管理费用、销售费用、研发费用、制造费用、生产成本的，需要按照总金额权重以及各项费用的占比，统一进行分配"计算填写，如图5－53所示。

步骤8：单击页面下方"工资计提分月比较分析表"底稿，底稿表格需根据"业务数据"—"工资计提分月比较分析表"给出的数据分析填写，"工资占营业成本（收入）比例对比分析"子表格数据根据"S1营业收入及成本"底稿中的"主营业务月度毛利率分析表"数据填写，如图5－54所示。

步骤9：单击页面下方"社保、三项经费计提检查表"工作底稿，进入底稿表格

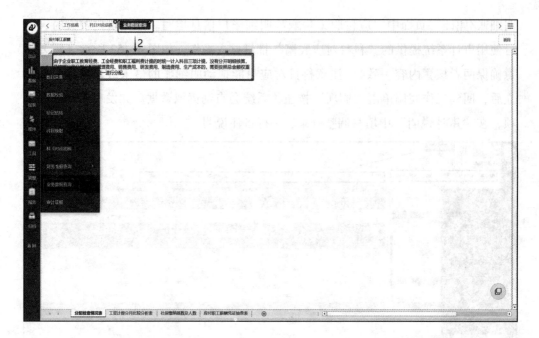

图 5－53

图 5－54

页面后，单击"业务数据"—"社保缴纳基数及人数"，查询给出的数据和"数据"—"财务数据查询"—"总账/明细账/凭证"明细账数据分析填写底稿相关项目，差异较大时，审计员应该审查差异原因，在"审计说明"填写调整分录。

步骤10：单击页面下方"应付职工薪酬凭证抽查表"底稿，根据"业务数据"—"应付职工薪酬凭证抽查表"给出的业务要求："不使用系统抽样的方法，手动抽取12月的工资计提凭证进行检查"填写。单击"数据"—"财务数据查询"——"总账/明细账/凭证"中，查找 12 月计提工资的分录，171 号凭证是 12 月计提工资的凭证，操作如图 5-55 所示。

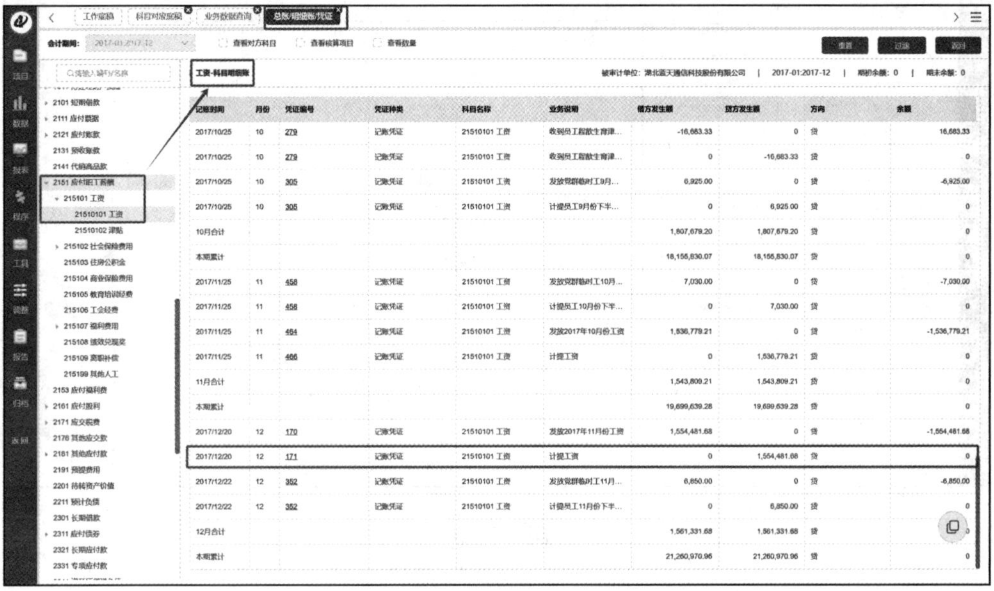

图 5-55

鼠标左键单击"171"，进入记账凭证页面，根据 171 号凭证记录的日期、凭证号、凭证种类、对方科目借方金额、贷方金额等信息，按照底稿要求填写，如图 5-56 所示，所有的底稿编制完成后单击"保存"按钮。

2. 审计管理费用项目

登录审计员 C 账号，对管理费用项目进行审计，同时填写完成管理费用审计工作底稿 S4。

步骤 1：中联教育系统中，单击左侧"实质性程序实施"，然后单击右侧"业务 4，工薪与人事业务循环实质性程序实施"了解清楚任务背景和要求后，单击下方"智能审计"按钮，进入审计系统页面。

步骤 2：在"项目列表"页面找到需要审计的单位"湖北蓝天通信科技股份有限公司"，单击"进入"。

步骤 3：在"工作底稿"页面中，单击左上角"底稿列表"按钮，单击"实质性程序工作底稿"前"▼"下拉按钮，选择需要操作的底稿"S4 管理费用"，进入页面明确任务要求。完成导引表、程序表、明细表、明细表（按月）、截止性测试表、管理费用凭证抽查表的编制，如图 5-57 所示。对于变动较大的费用明细，需执行分析程序的编制。填写相关底稿前，可以在线通过教学平台观看"操作录屏

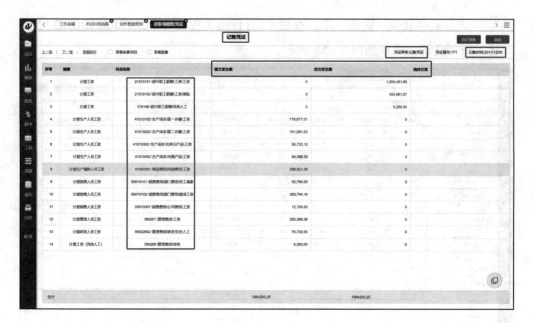

图 5-56

（管理费用实质性程序）"后进行填写。

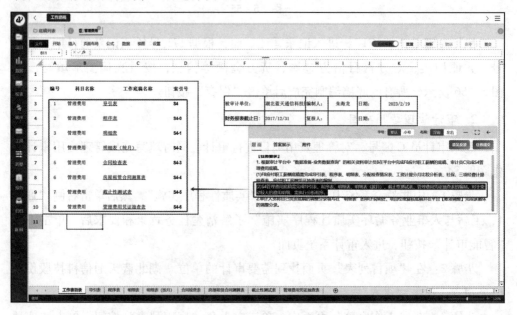

图 5-57

步骤4：单击页面下方"导引表"底稿，底稿表格中黄色部分数字通过从后续底稿中自动取数生成，完成后续工作底稿后数字自动更新，无需填写，只需要完成后续底稿后，根据审计情况，填写蓝色部分、"审计说明"和"审计结论"三部分内容。

表格中蓝色部分，要求根据"数据"—"业务数据查询"—"管理费用"业务数据填写。关于"报表数"项目，鼠标左键单击左侧"报表"—"未申报表"，在"未审报表"页面选择"截止月份"—"201712"，查看"管理费用"报表数，操作如图5-58所示。对于"审计说明"项目，应反映管理费用科目核算的内容以及本期的增减变动的原因，以及审计过程中发现的问题和调整事项等。"审计结论"项目，根据最终的审计结果选定一个适用的审计结论，如图5-59所示。

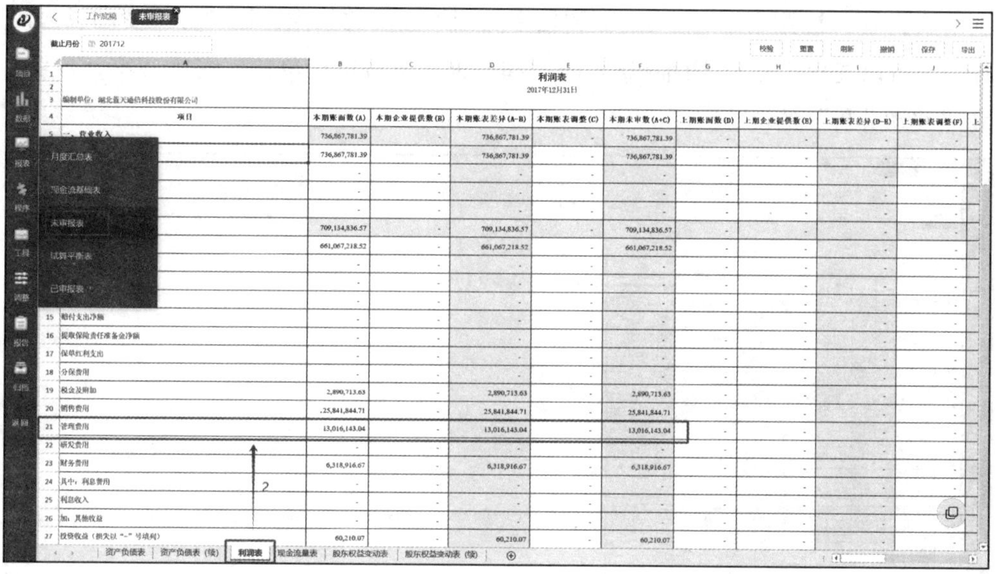

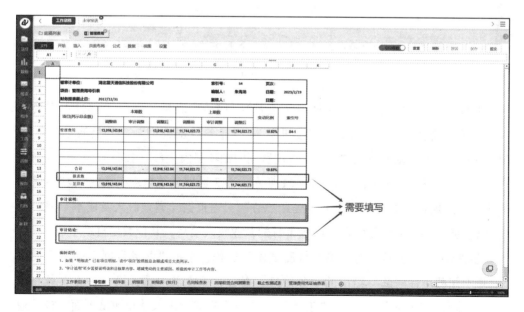

图　5-58

图　5-59

步骤5：单击页面下方"程序表"底稿，底稿表格包含了审计目标和计划实施的审计程序。审计程序系统为同学们设计了一套该项目需要进行的程序后，执行了相关程序后在后面打钩，也可以根据需要进行增加和删减。

步骤6：单击页面下方"明细表"底稿，表格中黄色部分数字，"本期数"项目系统通过自动取数生成，无需填写。"上期数"项目（图5-60）需要根据"数据"—"业务数据查询"—"管理费用"页面中"明细表"中的上期信息填写，明细表会显示上期同期增减的金额和比率。如果变动比较大，需要分析变动较大的原因，可以查看"总账/明细账/凭证"和咨询一下被审计单位，完成"审计说明"和"波动分析"的填写。

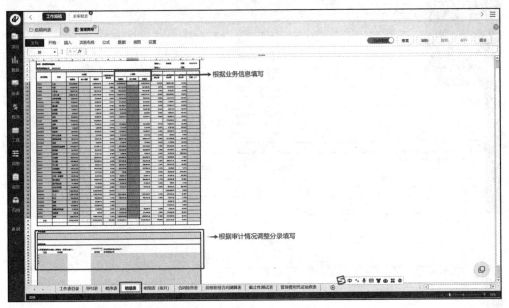

图 5-60

步骤7：单击页面下方"明细表（按月）"底稿，表格"黄色"部分不需要填写，不要修改表格中的公式，将"数据"—"业务数据查询"—"管理费用"中"明细表"中的信息填写到"表1-管理费用明细项目发生额（按月）"—"同期比较"—"上期数"项目中，如图5-61所示。表2数据系统自动生成，"表3-管理费用各明细项目发生额占收入比（按月,%）"只需根据"营业收入及成本"底稿中"主营业务月度毛利率分析表"中每个月的营业收入填写，其他数据自动生成。

步骤8：单击页面下方"截止性测试表"底稿，根据"业务数据查询"页面中"管理费用截止性测试"给出的业务信息，查看业务要求"选择第一种方案截止日前后各抽取5笔凭证"后单击"工具"—"截止测试"进入截止测试页面，按照业

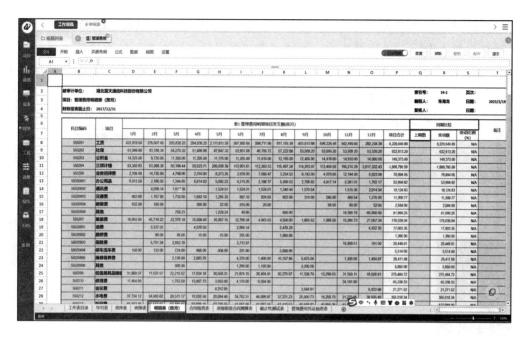

图 5-61

务要求选择相关内容后单击"返回底稿",单击页面右上方"刷新"按钮后,页面会自动取数相关业务信息,根据业务信息填写剩余内容,除给出业务信息,其他"所有附件未发现跨期情况",操作如图 5-62 所示。

图 5-62

步骤9：单击页面下方"管理费用凭证抽查表"底稿，首先根据"数据"—"业务数据查询"—"管理费用"中的"管理费用凭证抽查表"给出的信息进行抽样。单击"工具"—"审计抽样"进入审计抽样页面，"抽样方案"选择"管理费用—管理费用凭证抽查表"，单击"展开更多"，如图5-63所示。

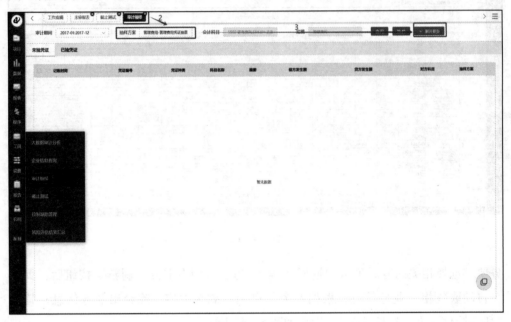

图 5-63

按照业务数据提示"2.借方抽取金额大于514000元的凭证"进行填写。单击"查询"后，页面显示符合条件的凭证信息。然后单击"抽样"按钮，操作如图5-64所示。根据要求"1.采用分层抽样的方式借方抽取5笔凭证进行检查"，单击"分层抽样"后输入抽样数量和范围（业务没有要求可以忽略范围设置），之后单击"勾选凭证"后单击"保存"，操作如图5-65所示。返回"应付账款凭证抽查表"底稿后，单击"刷新"更新出抽样数据，然后逐一核对：①项目划分合理。②原始凭证合规。③明细账、记账凭证、原始凭证金额相符。④有适当的授权批准。⑤会计处理正确，确认后打钩。

图 5-64

图 5-65

业务5-5 实施筹资与投资业务循环实质性程序

业务场景

目前项目组已经在智能审计平台完成了 BC-9 了解筹资与投资流程及执行穿行测

试以及 CI 筹资与投资流程控制测试底稿的编制，并且已经获取了公司的该业务数据。

业务目标

1. 根据审计平台中"数据准备－业务数据查询"的相关资料，审计员 B 在平台中对 F1 短期借款、S6 财务费用底稿，审计员 A 对 Z17 长期股权投资、F10C 应付股利底稿实施实质性程序。

2. 审计人员将自己负责的底稿的调整分录填写在"明细表"的审计说明处，项目经理复核底稿并在平台"账项调整"完成该循环的调整分录。

业务涉及岗位

审计经理、审计员 A、审计员 B。

业务要求

1. 审计员 B 需填写 F1 短期借款底稿中的导引表、明细表、利息分配检查表、补提借款利息、短期借款凭证检查表。

2. 审计员 B 需填写 S6 财务费用底稿中的导引表、明细表、截止性测试表、财务费用凭证抽查表。

3. 审计员 A 需填写 Z17 长期股权投资底稿中的导引表、明细表、投资合同等文件检查表、权益法审核表、权益法核算投资收益审核表、长期股权投资凭证抽查表。

4. 审计员 A 需填写 Z17、F10C 应付股利底稿中的导引表、明细表、应付股利凭证抽查表。

业务实施

一、筹资与投资业务循环实质性程序实施工作流程图

筹资与投资业务循环实质性程序实施工作流程图，如图 5－66 所示。

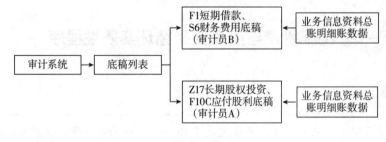

图 5－66

二、操作指导

1. 审计短期借款和财务费用项目

需要登录审计员 B 的账号，对短期借款和财务费用项目进行审计，同时填写完成短期借款和财务费用的审计工作底稿 F1 和 S6。

1）审计短期借款项目

登录审计员 B 账号，对短期借款项目进行审计，同时填写完成短期借款审计工作底稿 F1。

步骤 1：中联教育系统中，单击左侧"实质性程序实施"，然后单击右侧"业务 5，筹资与投资业务循环实质性程序实施"了解清楚任务背景和要求后，单击下方"智能审计"按钮，进入审计系统页面。

步骤 2：在"项目列表"页面找到需要审计的单位"湖北蓝天通信科技股份有限公司"，单击"进入"。

步骤 3：在"工作底稿"页面中，单击左上角"底稿列表"按钮，单击"实质性程序工作底稿"前"▼"下拉按钮，选择需要操作的底稿"F1 短期借款"，进入页面明确任务要求。完成导引表、明细表、利息分配检查表、补提借款利息、短期借款凭证检查表底稿的填写，如图 5－67 所示。填写相关底稿前，可以在线通过教学平台观看"操作录屏（短期借款实质性程）"，观看后进行填写。

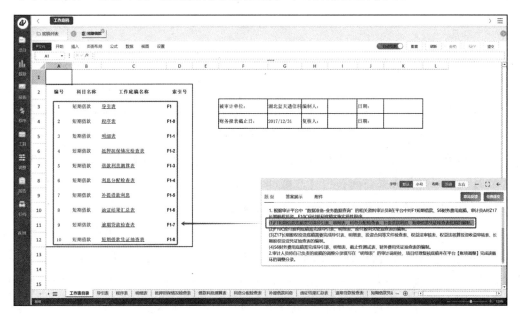

图　5－67

步骤4：单击页面下方"导引表"底稿，底稿表格中黄色部分数字系统自动取数生成，"期初余额""期末余额"项目根据"数据"—"财务数据查询"—"总账/明细账/凭证"中"短期借款"账户信息，结合"数据"—"业务数据查询"—"短期借款"中授信合同信息完成，完成后续工作底稿，根据审计情况手动填写"审计说明"项目和"审计结论"，如图5-68所示。

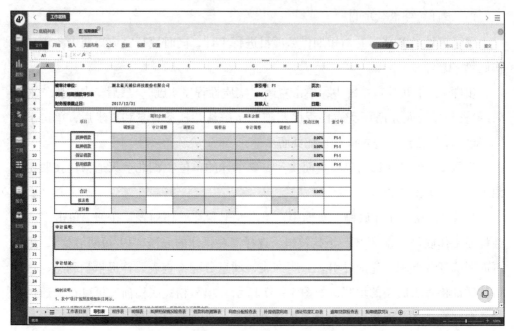

图　5-68

步骤5：单击页面下方"明细表"底稿，底稿表格中黄色部分数字通过从表内数字计算生成，无需填写。蓝色部分可以根据"数据"—"业务数据查询"—"短期借款"中授信合同信息完成填写，如图5-69所示。如果审计发现审计调整事项，则在"审计说明"中填写调整分录，进行备注说明。

步骤6：单击页面下方"利息分配检查表"底稿，进入底稿表格页面后，单击"数据"—"财务数据查询"—"总账/明细账/凭证"，利用"总账/明细账/凭证"中相关明细账户信息分析填写，如图5-70所示。

步骤7：单击页面下方"补提借款利息"底稿，根据"业务数据"—"授信合同"内容和"补提借款利息"给出的说明"财务公司的借款，每月结息时间为当月21号，审计员需要计提22日~31日10天利息"，填写相关内容，并在"审计说明"项目中填写不提利息说明和调整分录，如图5-71所示。

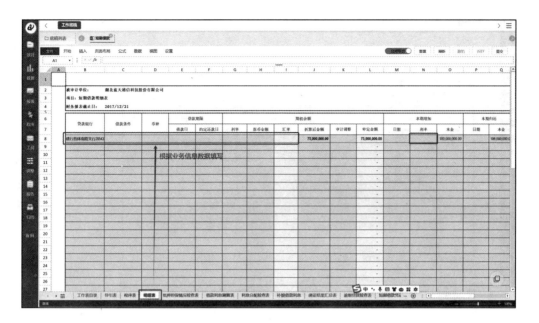

图 5-69

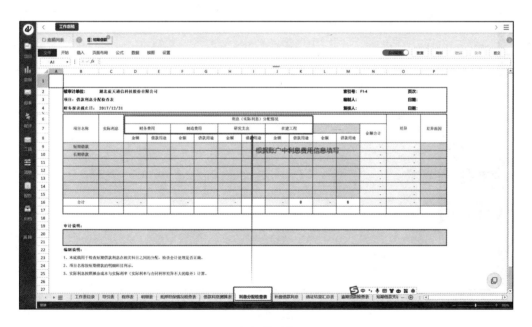

图 5-70

步骤8：单击页面下方"短期借款凭证抽查表"底稿，首先根据"数据"—"业务数据查询"—"短期借款"中的"短期借款凭证抽查表"给出的信息进行抽样。单击"工具"—"审计抽样"进入审计抽样页面，"抽样方案"选择"短期借款-短期借款凭证抽查表"，单击"展开更多"，如图5-72所示。注意业务数据提

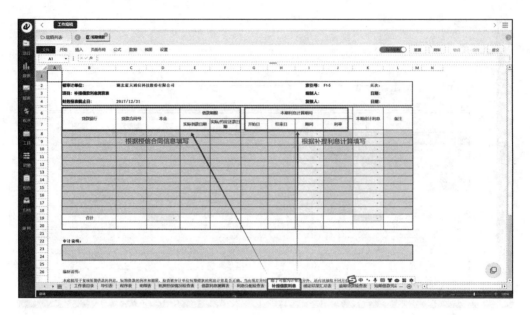

图 5－71

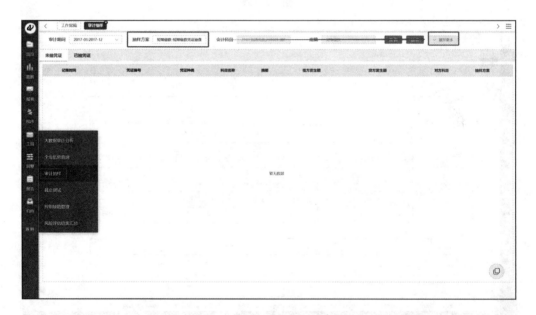

图 5－72

示："2. 借方抽取金额大于 14900000 元的凭证"。单击"查询"后,页面显示符合条件的凭证信息。然后单击"抽样"按钮,操作如图 5－73 所示。

根据要求"1. 采用分层抽样的方式借方抽取 3 笔,贷方抽取 5 笔凭证进行检查",单击"分层抽样"后输入抽样数量和范围(业务没有要求可以忽略范围设置),之后单击"勾选凭证"后单击"保存",操作如图 5－74 所示。继续上述抽样过程,抽取

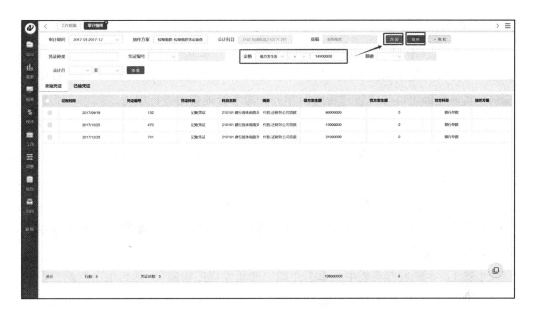

图 5-73

"贷方金额大于 19900000 元的凭证 5 张"。最后返回"短期借款凭证抽查表"底稿后，单击"刷新"更新出抽样数据，然后逐一核对：①原始凭证内容完整。②有授权批准。③账务处理正确。④账证的内容相符。⑤账证的金额相符。逐一打钩。

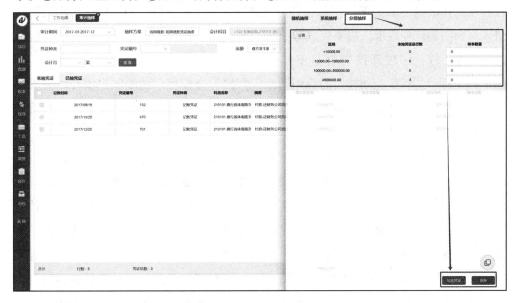

图 5-74

2）审计财务费用项目

登录审计员 B 账号，对财务费用项目进行审计，同时填写完成财务费用审计工作底稿 S6。

进入底稿"S6 财务费用"页面明确任务要求。完成导引表、明细表、截止性测试表、财务费用凭证抽查表的编制。对于变动较大的费用明细，需执行分析程序的编制。具体底稿填写与"管理费用"相同，参考管理费用进行填写。

2. 审计长期股权投资和应付股利项目

需要登录审计员 A 的账号，对长期股权投资和应付股利两个项目进行审计，完成相关审计工作底稿。

1）审计长期股权投资项目

登录审计员 A 账号，对长期股权投资项目进行审计，同时填写完成长期股权投资的审计工作底稿 Z17。

步骤 1：中联教育系统中，单击左侧"实质性程序实施"，然后单击右侧"业务 5，筹资与投资业务循环实质性程序实施"了解清楚任务背景和要求后，单击下方"智能审计"按钮，进入审计系统页面。

步骤 2：在"项目列表"页面找到需要审计的单位"湖北蓝天通信科技股份有限公司"，单击"进入"。

步骤 3：在"工作底稿"页面中，单击左上角"底稿列表"按钮，单击"实质性程序工作底稿"前"▼"下拉按钮，选择需要操作的底稿"Z17 长期股权投资"，进入页面明确任务要求。需要完成导引表、明细表、投资合同等文件检查表、权益法审核表、权益法核算投资收益审核表、长期股权投资凭证抽查表的编制，如图 5–75 所示。对于变动较大的费用明细，需执行分析程序的编制。填写相关底稿前，可以在线通过教学平台观看"操作录屏（长期股权投资实质性程序）"，观看后进行填写。

步骤 4：单击页面下方"导引表"底稿，底稿表格中黄色部分数字通过从后续底稿中自动取数生成，完成后续工作底稿后数字自动更新，无需填写，不要随意修改单元格公式。根据审计情况，填写蓝色部分"报表数"、"审计说明"和"审计结论"三部分内容。表格中蓝色部分，关于"报表数"项目，鼠标左键单击左侧"报表"—"未申报表"，在"未审报表"页面选择"截止月份"—"201712"，查看"长期股权投资"报表数。"审计说明"项目应反映管理费用科目核算的内容以及本期的增减变动的原因，以及审计过程中发现的问题和调整事项等。"审计结论"项目，根据最终的审计结果选定一个适用的审计结论，如图 5–76 所示。

步骤 5：单击页面下方"明细表"底稿，底稿表格中黄色部分数字系统自动生成，无需填写。其他项目（如图 5–77）需要根据"数据"—"业务数据查询"—

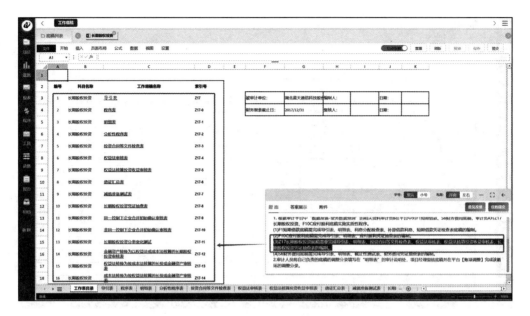

图 5-75

图 5-76

"长期股权投资"页面中"投资收益计算表和公司名字更改通知"中的信息填，结合"数据"—"财务数据查询"—"总账/明细账/凭证"中"长期股权投资"账户信息分析投资对象类别后填写。"明细表"显示上期同期增减的金额和比率变动。如果变动比较大，需要分析变动较大的原因，来完成"审计说明"。

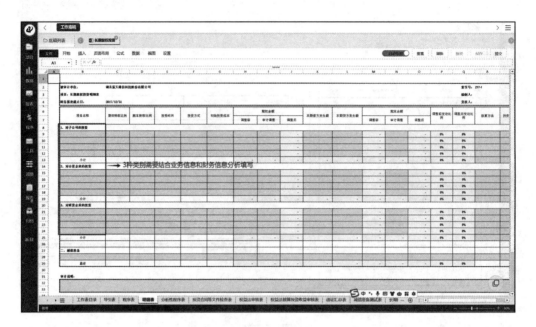

图 5－77

步骤6：单击页面下方"投资合同等文件检查表"底稿，根据"数据"—"业务数据查询"—"长期股权投资"中的信息填写。

步骤7：单击页面下方"权益法审核表"底稿和"权益法核算投资收益审核表"底稿，根据"数据"—"业务数据查询"—"长期股权投资"页面中"投资收益计算表和公司名字更改通知"中的信息，结合"数据"—"财务数据查询"—"总账/明细账/凭证"中的"长期股权投资"账户信息分析填写。

步骤8：单击页面下方"长期股权投资凭证抽查表"底稿，首先根据"数据"—"业务数据查询"—"长期股权投资"中的"长期股权投资凭证抽查表"给出的信息"检查本年度长期股权投资所有凭证"进行检查。单击"数据"—"财务数据查询"—"总账/明细账/凭证"中"长期股权投资"账户所有凭证（图5－78），然后逐一填写到底稿中进行核对：①长期投资的增减变动均符合投资协议、合同的规定。②长期投资的增减变动交易日确定准确。③对该项长期投资采用的核算方法正确。④对该项长期投资的会计处理正确。⑤对该项长期投资的投资收益、应收股利、应计利息核算正确。

2）审计应付股利项目

登录审计员A账号，对应付股利项目进行审计，同时填写完成应付股利的审计工作底稿F10C。

步骤1：在"工作底稿"页面中，单击左上角"底稿列表"按钮，单击"实质

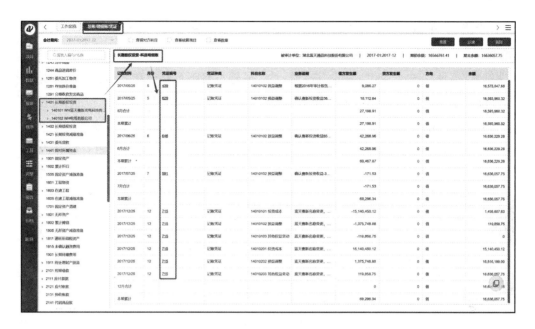

图 5-78

性程序工作底稿"前"▼"下拉按钮,选择需要操作的底稿"F10C 应付股利",进入页面明确任务要求。需要完成导引表、明细表、应付股利凭证抽查表的编制,如图 5-79 所示。对于变动较大的费用明细,需执行分析程序的编制。填写相关底稿前,可以在线通过教学平台观看"操作录屏(应付股利实质性程序)"后进行填写。

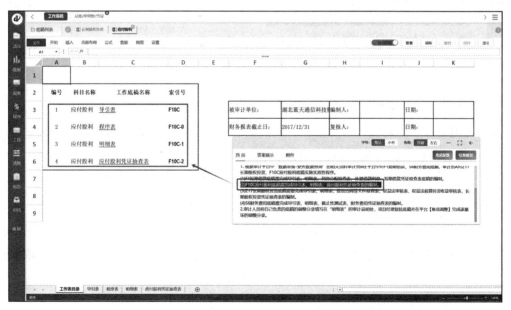

图 5-79

步骤2：单击页面下方"导引表"底稿，底稿表格中黄色部分数字通过从后续底稿中自动取数生成，无需填写，但需要与"数据"—"财务数据查询"—"总账/明细账/凭证"—"应付股利"进行核对，另外不要随意修改单元格公式。根据审计情况，填写"审计说明"和"审计结论"两部分内容。"审计说明"项目应反映应付股利核算的内容以及本期的增减变动的原因，以及审计过程中发现的问题和调整事项等。根据最终的审计结果选定一个适用的审计结论，填入"审计结论"项目，如图5-80所示。

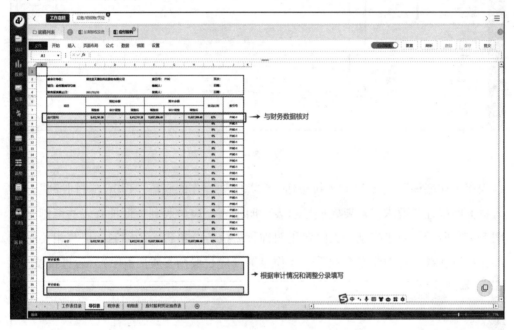

图　5-80

步骤3：单击页面下方"明细表"底稿，底稿表格中黄色部分数字系统自动生成，无需填写。但需要与"数据"—"财务数据查询"—"总账/明细账/凭证"中"应付股利"账户信息核对是否一致。

步骤4：单击页面下方"应付股利凭证抽查表"底稿，首先根据"数据"—"业务数据查询"—"应付股利"中给出的信息进行抽样，然后单击"数据"—"财务数据查询"—"总账/明细账/凭证"，如图5-81所示，查找到"应付股利"账户，单击"科目编码2161"查看具体账户信息后手动填写。最后根据"业务数据查询"中的信息依次核对：①原始凭证内容完整。②有授权批准。③账务处理正确。④账证的内容相符。⑤账证的金额相符。并逐一打钩。

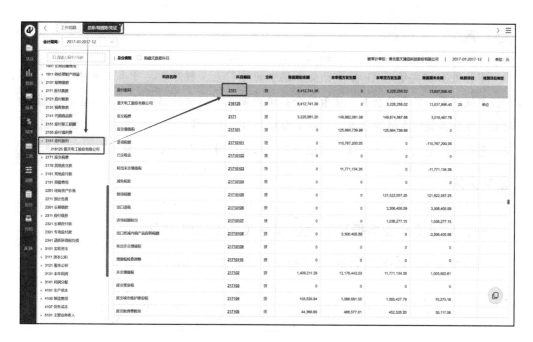

图 5-81

业务5-6 实施货币资金业务循环实质性程序

业务场景

目前项目组已经在智能审计平台完成了BC-1了解货币资金及执行穿行测试以及CA货币资金管理流程控制测试的编制，并且获取了公司的该业务数据。

业务目标

1. 根据审计平台中"数据准备-业务数据查询"的相关资料，审计员C在平台中对Z1货币资金底稿实施实质性程序。

2. 审计人员将自己负责的底稿的调整分录填写在"明细表"的审计说明处，项目经理复核底稿并在平台"账项调整"完成该循环的调整分录。

业务涉及岗位

项目经理、审计员C。

业务要求

审计员 C 需要填写 Z1 货币资金底稿中的导引表、程序表、货币资金明细表、开户信息核对表、现金监盘表、货币资金函证控制表、函证地址核查表、现金截止性测试表、银行存款截止性测试表、货币资金凭证抽查表、未达账项审查表、余额调节表、保证金勾稽检查表、外币折算表、银行存款账面收付记录与银行对账单抽样核对表。

业务实施

一、货币资金业务循环实质性程序实施工作流程图

货币资金业务循环实质性程序实施工作流程图，如图 5 – 82 所示。

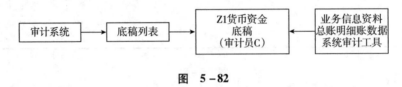

图 5 – 82

二、操作指导

需要登录审计员 C 的账号，对货币资金项目进行审计，同时填写完成货币资金的审计工作底稿 Z1。

步骤 1：中联教育系统中，单击左侧"实质性程序实施"，然后单击右侧"业务 6，货币资金业务循环实质性程序实施"了解清楚任务背景和要求后，单击下方"智能审计"按钮，进入审计系统页面。

步骤 2：在"项目列表"页面找到需要审计的单位"湖北蓝天通信科技股份有限公司"，单击"进入"。

步骤 3：在"工作底稿"页面中，单击左上角"底稿列表"按钮，单击"实质性程序工作底稿"前"▼"下拉按钮，选择需要操作的底稿"Z1 货币资金"，进入页面明确任务要求。完成导引表、程序表、货币资金明细表、开户信息核对表、现金监盘表、货币资金函证控制表、函证地址核查表、现金截止性测试表、银行存款截止性测试表、货币资金凭证抽查表、未达账项审查表、余额调节表、保证金勾稽检查表、外币折算表、银行存款账面收付记录与银行对账单抽样核对表的填写，如图 5 – 83 所示。填写相关底稿前，可以在线通过教学平台观看"操作录屏（货币资金实质性程）"，观看后进行填写。

步骤 4：单击页面下方"导引表"底稿，底稿表格中黄色单元格部分设置了取数

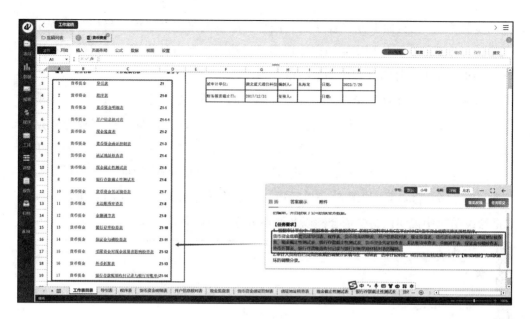

图　5-83

的公式，不要随意修改删除表格公式，它是从后续明细表底稿中取数的核心。完成后续明细表底稿填写后，"引导表"会自动完成数据更新。"报表数"需要根据"报表"—"未审报表"和最终审定后的报表来填写。"审计说明"项目填写科目核算的内容、实施的实质性程序和审计过程中发现的问题以及调整情况。"审计结论"项目根据最终审定的结果，通过下拉式菜单选择一个适用的审计结论，如图5-84所示。

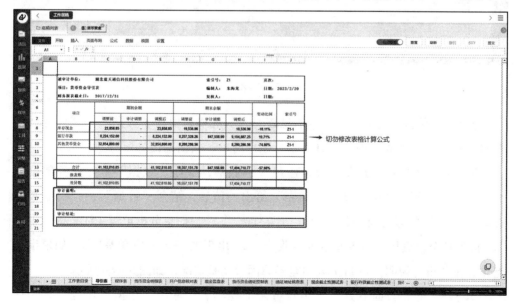

图　5-84

步骤 5：单击页面下方"程序表"底稿，底稿表格包含了审计目标和计划实施的审计程序两部分。计划实施的审计程序系统给出参考审计程序，可以结合被审计单位的审计情况追加审计程序和删减审计程序。

步骤 6：单击页面下方"明细表"底稿，部分项目数字已经通过表内自动取数计算生成，无需填写。未填写蓝色部分单元格可以根据"数据"—"业务数据查询"—"货币资金"中"已开立银行账户清单"和"货币资金函证控制表"中的信息，结合"数据"—"财务数据查询"—"总账/明细账/凭证"中货币资金相关账户信息分析填写，如图 5-85 所示。如果后续审计发现审计调整事项，须在"审计说明"中说明调整事项金额以及调整分等，进行备注说明。

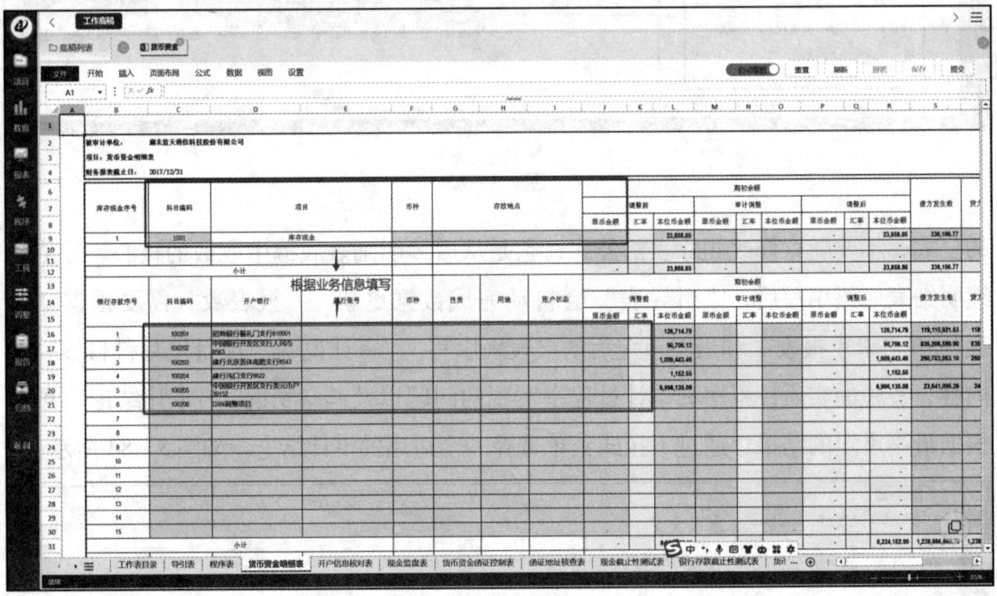

图 5-85

步骤 7：单击页面下方"开户信息核对表"底稿，根据"数据"—"业务数据查询"—"货币资金"中"已开立银行账户清单"给出的信息填写。

步骤 8：单击页面下方"现金监盘表"底稿，根据"数据"—"业务数据查询"—"货币资金"中"现金盘点表"给出的信息，结合"数据"—"财务数据查询"—"总账/明细账/凭证"中"库存现金"账户信息分析填写。注意提示中的"1. 报表日至监盘日公司未发生现金收支。2. 出现的差异为找零差异"。如果出现差异，在"审计说明"项目中说明差异原因及调整情况，如图 5-86 所示。

步骤 9：单击页面下方"货币资金函证控制表"底稿，根据"业务数据"—"货币资金函证控制表"给出信息填写相关内容。

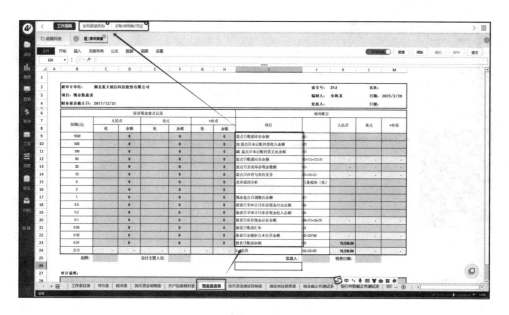

图 5-86

步骤10：单击页面下方"函证地址核查表"底稿，根据"业务数据"—"货币资金函证控制表"给出信息填写相关内容，注意："1. 审计人员通过高德地图对发函及回函的地址进行核查，与企业提供地址一致。"

步骤11：单击页面下方"现金截止性测试表"底稿，根据"业务数据查询"页面中"库存现金截止性测试"给出的业务信息，首先查看业务要求，根据要求单击"工具"—"截止测试"进入截止测试页面，按照业务要求选择相应的"项目""会计科目"和"方案"后，单击"确定"按钮，返回底稿，单击页面右上方"刷新"按钮后，页面会自动取数相关业务信息，最后根据业务信息中凭证判断"是否跨期"，同时检查每个凭证附件是否齐全后打钩或者是打叉，完成整个底稿。操作如图5-87所示。

步骤12：单击页面下方"银行存款截止性测试表"底稿，根据"业务数据查询"页面中"银行存款截止性测试"给出的业务信息，首先查看业务要求，根据要求单击"工具"—"截止测试"进入截止测试页面，按照业务要求选择相应的"项目""会计科目"和"方案"后，单击"确定"按钮，返回底稿，单击页面右上方"刷新"按钮后，页面会自动取数相关业务信息，最后根据业务信息中凭证判断"是否跨期"，同时检查每个凭证附件是否齐全后打钩或者是打叉，完成整个底稿。操作如图5-88所示。

步骤13：单击页面下方"货币资金凭证抽查表"底稿，首先根据"数据"—

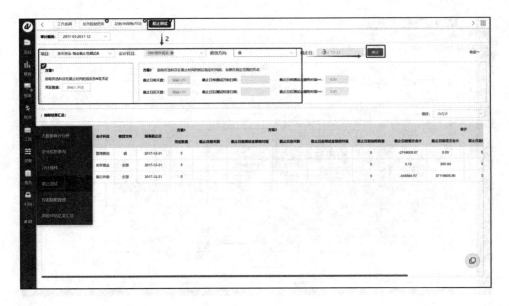

图 5 - 87

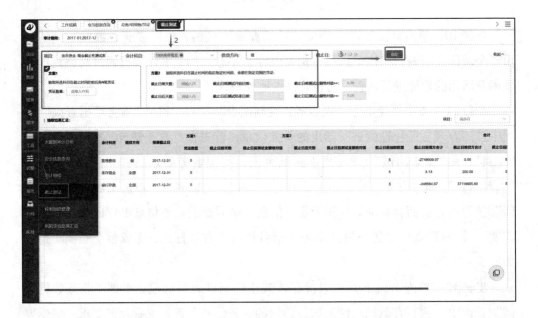

图 5 - 88

"业务数据查询"—"货币资金"中的"货币资金凭证抽查表"给出的信息进行抽样。单击"工具"—"审计抽样"进入审计抽样页面,"抽样方案"选择"货币资金-货币资金凭证抽查表",单击"展开更多",如图 5 - 89 所示。注意业务数据提示:"2. 借方抽取金额大于 29600000 元的凭证"。单击"查询"后,页面显示符合条件的凭证信息。然后单击"抽样"按钮,操作如图 5 - 90 所示。

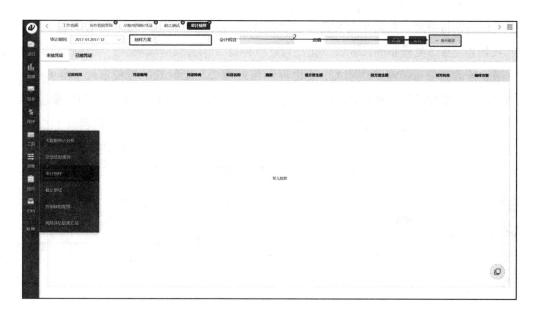

图 5-89

图 5-90

根据要求"1. 采用分层抽样的方式借贷方各抽取 5 笔",单击"分层抽样"后输入抽样数量和范围(业务没有要求可以忽略范围设置),之后单击"勾选凭证"后单击"保存",操作如图 5-91 所示。继续上述抽样过程,抽取"贷方抽取金额大于29400000 元的凭证 5 张"。最后返回"短期借款凭证抽查表"底稿后,单击"刷新"更新出抽样数据,然后逐一核对检查:①银行收款凭证与银行对账单核对相符。②收款凭证与销售发票、收据核对相符。③收款凭证的对应科目与付款单位的户名一致。④收款凭证账务处理正确。⑤收款凭证与对应科目（销售或应收账款）明细账的记录一致，所收款项与经营活动相关。支出逐一核对检查：①付款的授权审批手续齐全、签章完整。②原始凭证具有合法的发票或依据。③原始凭证的内容和金额与付款凭证摘要核对一致。④付款凭证与银行对账单核对相符。⑤付款凭证与对应科目（如应付账款）明细账的记录一致，付款凭证账务处理正确。依次检查后打钩标记。

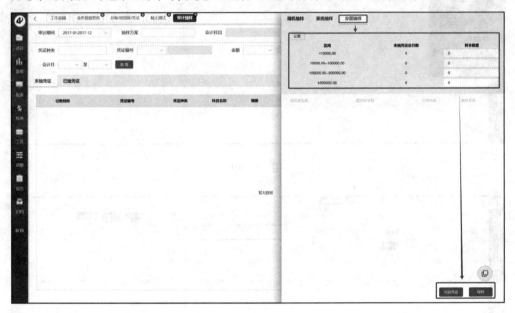

图 5-91

步骤14：页面下方"未达账项审查表"底稿和"余额调节表"底稿可以一并填写，首先根据"业务数据查询"——"货币资金函证控制表"中的函证金额与"总账/明细账/凭证"中银行存款各明细账余额核对，查找出的余额存在差异的明细账户需要审计员编制"未达账项审查表"底稿和"余额调节表"底稿。然后根据"业务数据查询"——"对账单-中国银行"和"总账/明细账/凭证"——"银行存款"明细账中的"中国银行开发区支行人民币8563"账户2017年12月数据逐一核对，查找出未达账项，填写"未达账项审查表"底稿，最后根据未达账项填写"余额调节表"底稿。

步骤15：单击页面下方"保证金勾稽检查表"底稿，注意"业务数据查询"——"保证金勾稽检查表"中的要求："根据银行规定，公司存入的保证金的比例不得低于20%"。按照"总账/明细账/凭证"中"应付票据"总账余额为基数计算应有金额与"其他货币资金"余额比对，按照结果填写"审计说明"。

步骤16：单击页面下方"外币折算表"底稿，根据"业务数据查询"—"货币资金函证控制表"中的"外币相关信息"与"总账/明细账/凭证"中"银行存款"相关明细账余额比对填写，出现差异分析原因后填写"审计说明"。

步骤17：单击页面下方"银行存款账面收付记录与银行对账单抽样核对表"底稿，根据"业务数据查询"—"银行存款账面收付记录与银行对账单抽样核对表"中的信息填写。

业务评价

项目五 实施实质性程序评测量表

学生姓名			班级		学号	
实训日期						
实训地点				指导教师		

实训目标	内容	分值	自我评分	小组评分	教师评分	总分
知识目标（20分）	1. 了解实质性程序的性质、含义及要求	5分				
	2. 掌握实质性程序的时间、范围	5分				
	3. 掌握销售与收款循环、采购与付款循环、生产与存货循环、人事与工薪循环、投资与融资循环和货币资金循环的实质性程序实施	10分				
技能目标（60分）	1. 能根据审计准则完成销售与收款业务循环、采购与付款业务循环、生产与存货业务循环、人事与工薪循环、投资与融资业务循环、货币资金业务循环相关报表项目的实质性程序	20分				
	2. 能核对凭证账簿，发现审计风险和问题	10分				
	3. 能够完成销售与收款业务循环、采购与付款业务循环、生产与存货业务循环、人事与工薪循环、投资与融资业务循环、货币资金业务循环相关报表项目的导引表、程序表、明细表、截止性测试表、完整性测试表、检查表、函证及监盘等审计工作底稿的编制	15分				
	4. 能根据实施实质性程序收集到的审计证据，做出职业判断，编制调整分录并填写在"明细表"的审计说明处	15分				

续表

实训目标	内容	分值	自我评分	小组评分	教师评分	总分
素养目标（20分）	1. 通过学习《中华人民共和国会计法》《中华人民共和国注册会计师法》等法律法规，增强法律意识	3分				
	2. 通过学习《企业会计准则》《中华人民共和国国家审计准则》《中国注册会计师审计准则》《中国注册会计师职业道德守则》等准则，提高专业胜任能力	3分				
	3. 在执行实质性程序的过程中，能够运用准确的专业判断，采用适当的审计程序获取证据	7分				
	4. 在执行实质性程序的过程中，对所获取的审计证据的可靠性保持职业怀疑，客观、公正地评价审计证据	7分				
自我反思						
小组评价			综合得分			
教师评价						

即测即练

项目6 审计终结

学习目标

知识目标：

1. 掌握账项调整和重分类调整的含义。

2. 掌握试算平衡的含义。

3. 掌握分析程序的用途。

4. 掌握总体复核的含义和方法。

技能目标：

1. 能在智能审计平台中对审计调整分录和重分类调整分录进行汇总，编制调整分录汇总表。

2. 能依据相关审计准则与被审计单位就审计调整进行沟通，并要求被审计单位对认可的调整签字盖章；对被审计单位不认可的调整编制未更正错报汇总表，并要求被审计单位签字盖章。

3. 能在智能审计平台中熟练生成试算平衡表，对报表差异形成进行分析，依据相关企业会计准则对报表差异进行调整。

4. 审计结束或临近结束时，能在智能审计平台中运用分析程序，确定经审计调整后的财务报表整体是否与对被审计单位的了解一致，是否具有合理性。

5. 在运用分析程序进行总体复核时，如果识别出以前未识别的重大错报风险，能够重新考虑对全部或部分各类别的交易、账户余额、披露评估的风险是否恰当，并在此基础上重新评价之前计划的审计程序是否充分，是否有必要追加审计程序。

素养目标：

1. 学习《中国注册会计师审计准则第 1501 号——对财务报表形成审计意见和出具审计报告》《中国注册会计师审计准则第 1502 号——在审计报告中发表非无保留意见》《中国注册会计师审计准则第 1503 号——在审计报告中增加强调事项段和其他事项段》《中国注册会计师审计准则第 1504 号——在审计报告中沟通关键审计事项》《中国注册会计师审计准则第 1332 号——期后事项》等准则，提高学生专业胜任能力。

2. 通过编制调整分录汇总表，培养学生严谨、认真、求实的工作态度及对前后审计流程衔接的独立思考能力。

3. 在执行总体复核的过程中，能够运用专业判断，采用适当的审计程序获取证据，并对所获取的审计证据的可靠性保持职业怀疑。

情景概览

2018 年 1 月 3 日审计项目组进入现场后，审计人员费梦珂和项目经理秦山对蓝天通信公司各个部门的负责人进行了访谈，项目组已经在智能审计平台中完成了对被审计单位及其环境、风险评估、控制测试的了解，以及实质性程序底稿的编制，接下来需要审计项目组在平台中生成审定后的财务报表，现场审计工作即将结束，出具审计报告。

学习重点

1. 差异分析、审计调整和试算平衡。
2. 财务报表合理性总体复核。
3. 审计报告。

学习难点

1. 差异分析、审计调整。
2. 财务报表合理性总体复核。
3. 出具审计报告。

德技并修

1. 目失镜，则无以正须眉；身失道，则无以知迷惑。

战国末期思想家韩非的《韩排非子·观行篇》中说："古之人目短于自见，故以镜观面；智短于自知，故以道正已。故镜无见疵之罪，道无明过之恶。目失镜，则无以正须眉；身失道，则无以知迷惑。"这句话说明了身失道就不辨是非的道理，强调了立身行道的重要意义。习近平总书记也曾引用此典故在"两学一做"学习教育中强调要"把做人做事的底线划出来"。

在审计终结阶段，审计人员需要就一些关键事项不断地与被审计单位管理层和治理层进行沟通，最终形成审计报告。这一沟通过程正体现了社会审计的特征，即社会审计旨在发现并解决问题。需要明确的是，这个沟通过程绝不是审计人员妥协的过程，明确审计目标、守住审计工作底线是进行有效沟通的前提。因此，在审计工作中时刻提醒自己的"身之道"，正是审计的职业素养之所在。

2. 诚信会计师事务所的审计人员认真学习相关准则，了解并熟悉了这些审计人员在审计终结阶段需要遵守的规则，并且对于收集到的审计证据有比较客观公正的评价，审计人员结合本项目具体情况，已经形成初步的审计意见，决定对于重要事项提请被审单位管理层进行调整，对于被审单位管理层可能做出不同答复也有不同的应对策略，但是审计人员始终坚持"客观、公正"的原则，坚守做人做事的底线，坚决践行"目以镜正须眉，身以道知迷惑"。

知识准备

1. 提前学习《中国注册会计师审计准则第 1501 号——对财务报表形成审计意见和出具审计报告》准则（见右上二维码），提高学生专业胜任能力。

2. 提前学习《中国注册会计师审计准则第 1503 号——在审计报告中增加强调事项段和其他事项段》（见右下二维码）。

业务6-1　差异分析、审计调整和试算平衡

业务场景

目前项目组已经完成了了解被审计单位及其环境、风险评估、控制测试，以及实质性程序底稿的编制，对于审计过程中发现的需要调整的事项，项目经理已经按照循环完成。

业务目标

项目经理检查已填制的调整分录、重分类调整分录，生成试算平衡表，检查报表勾稽关系是否正确。

业务涉及岗位

项目经理。

业务要求

项目经理完成 EC 试算平衡表底稿，需完成基本情况表、未审报表、试算平衡表、审计调整（本期）、审计调整（期初）、已审报表、已审权益表的编制。

业务提示

1. EC 试算平衡表的编制过程中需填写未审报表、审计调整（本期）、审计调整（期初）。试算平衡表、已审报表的数据由公式自动计算，无需自行填写，EC 试算平衡表中的公式不可自行修改。

2. 重分类调整项目需要直接在 EC 试算平衡表的"审计调整"中填写，按照合计金额调整即可，不必具体到客商名称。

3. 调整分录填写时选择的报表项目需与未审报表中的报表项目一致；二级科目需要填写到对应科目的末级。

4. 审计过程中涉及损益类科目的调整应同时考虑对所得税费用以及本年度盈余公积提取数的影响。

5. 法定盈余公积按照税后利润的 10% 提取。

6. 编制调整分录时需关注企业账面"以前年度损益调整科目"中的调整事项。

业务实施

一、差异分析、审计调整和试算平衡工作流程图

差异分析、审计调整和试算平衡工作流程图，如图 6−1 所示。

图　6−1

二、操作指导

编制 EC 试算平衡表底稿，需要登录审计经理账号，对 EC 试算平衡表底稿项目进行审计，完成相关审计工作底稿。

步骤1：在中联教育系统中，单击左侧"审计终结"，然后单击右侧"业务1，差异分析、审计调整和试算平衡"了解清楚业务背景和要求后，单击下方"智能审计"按钮，进入审计系统页面。

步骤2：在"项目列表"页面找到需要审计的单位"湖北蓝天通信科技股份有限公司"，单击"进入"。

步骤3：在"工作底稿"页面中，单击左上角"底稿列表"按钮，单击"E结论和报告阶段工作底稿"前"▼"下拉按钮，选择需要操作的底稿"EC 试算平衡

表"，进入页面明确业务要求。完成基本情况表、未申报表、试算平衡表、审计调整（本期）、审计调整（期初）、已审报表、已审权益表的填写，如图6-2所示。填写相关底稿前，可以在线通过教学平台观看"操作录屏（差异分析、审计调整和试算平衡）"，观看后进行填写。

图 6-2

"基本情况表"底稿，根据背景资料信息手动填写。

步骤4："未申报表"底稿黄色单元格部分设置了取数的公式。蓝色部分需要根据"报表"—"未申报表"进行核对，如果发现部分项目金额遗漏、错误，直接在单元格中修改，如图6-3所示。

步骤5："试算平衡表"底稿和"已审报表"全部项目均为黄色，数字已经通过表内自动取数计算生成，无需填写，不能修改相关单元格公式，以免出现取数错误，如图6-4所示。

步骤6：在"审计调整（本期）"底稿中，根据"数据"—"业务数据查询"—"调整分录汇总表"各业务信息，结合"数据"—"财务数据查询"—"总账/明细账/凭证"中财务信息，编制相关调整分录后填写。注意不能直接在页面中录入，需要单击页面左侧功能键"调整"—"账项期末调整"，进入页面后单击"新增"按钮，然后录入"调整原因""调整分录"，出现多个借方或者贷方科目时，单击"增行"按钮，录入完一笔调整分录后，单击"保存"按钮，操作如图6-5所示。返回"审计调整（本期）"底稿，单击"刷新"按钮，会自动读取数据。编制调整分录时需要注意：①调整分录填写时选择的报表项目需与未审报表中的报表项目一致；二级科目需要填写到对应科目的末级。②审计过程中涉及损益类科目的调整应"同时考虑"对所得税费用以及本年度盈余公积提取数的影响。③法定盈余公积按照税后利润的10%提取。④编制调整分录时需关注企业账面"以前年度损益调整科目"中的调整事项。

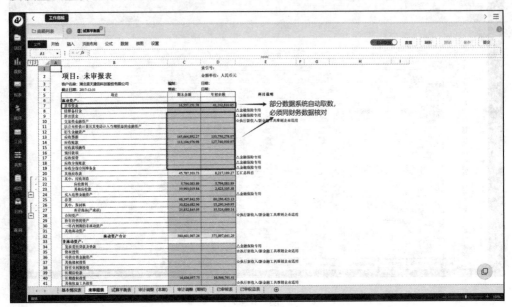

图 6-3

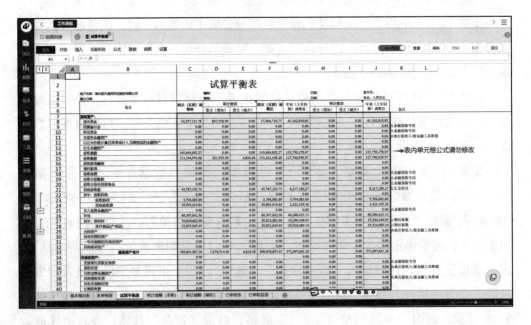

图 6-4

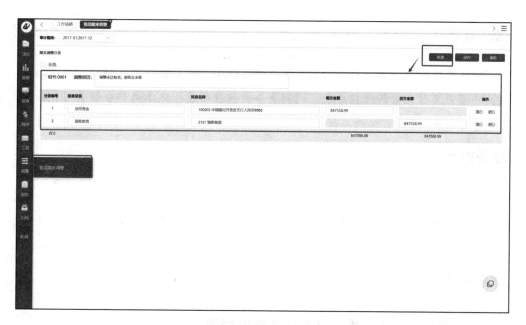

图 6-5

业务6-2 财务报表合理性总体复核

业务场景

2018 年 1 月 3 日审计项目组进入现场后，审计人员费梦珂和项目经理秦山对蓝天通信公司各个部门的负责人进行了访谈，项目组已经在智能审计平台中完成了了解被审计单位及其环境、风险评估、控制测试，以及实质性程序底稿的编制，在平台中生成审定后的财务报表，现场审计工作即将结束。

业务目标

根据经审计调整后的财务报表，审计人员 A 在智能审计平台中完成 EE 分析程序工作底稿（用于审定报表总体复核）的编制。

业务涉及岗位

项目经理，审计员 A。

业务要求

审计人员 A 在智能审计平台完成 EE 分析程序工作底稿（用于审定报表总体复核）中资产负债表分析性程序表、利润表分析性程序表、比率趋势分析表（1）、比率趋势分析表（2）底稿的编制。

业务提示

1. 比率趋势分析表。

2. 编制时需要根据平台中"审计工具－大数据审计分析"查询行业的相关指标对分分析。

业务实施

一、财务报表合理性总体复核工作流程图

财务报表合理性总体复核工作流程图，如图 6－6 所示。

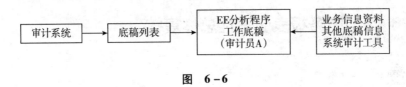

图 6－6

二、操作指导

编制分析程序工作底稿，需要登录审计员 A 账号，完成 EE 分析程序工作底稿的编制。

步骤 1：在中联教育系统中，单击左侧"审计终结"，然后单击右侧"业务 2，财务报表合理性总体复核"了解清楚业务背景和要求后，单击下方"智能审计"按钮，进入审计系统页面。

步骤 2：在"项目列表"页面找到需要审计的单位"湖北蓝天通信科技股份有限公司"，单击"进入"。

步骤 3：在"工作底稿"页面中，单击左上角"底稿列表"按钮，单击"E 结论和报告阶段工作底稿"前"▼"下拉按钮，选择需要操作的底稿"EE 分析程序工作底稿"，进入页面明确业务要求。完成资产负债表分析性程序表、利润表分析性程序表、比率趋势分析表（1）、比率趋势分析表（2）的填写，如图 6－7 所示。

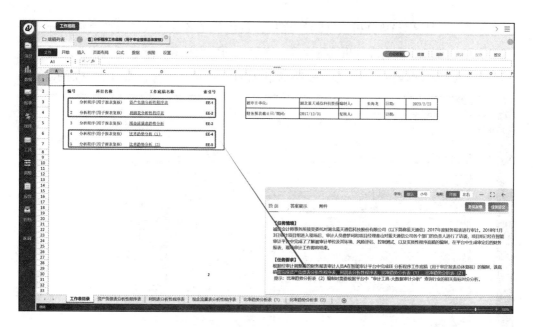

图 6-7

步骤4："资产负债表分析性程序表"底稿，根据底稿"EC 试算平衡表"——"已审报表"数据手动填写，如图6-8所示。

图 6-8

步骤5："利润表分析性程序表"底稿，根据底稿"EC 试算平衡表"——"已审报表"数据手动填写。

步骤6："比率趋势分析表（1）"底稿，黄色单元格系统从"资产负债表分析性程序表"底稿和"利润表分析性程序表"底稿自动取数计算，蓝色部分需要通过"数据"—"财务数据查询"—"总账/明细账/凭证"中信息填写，如图6-9所示。

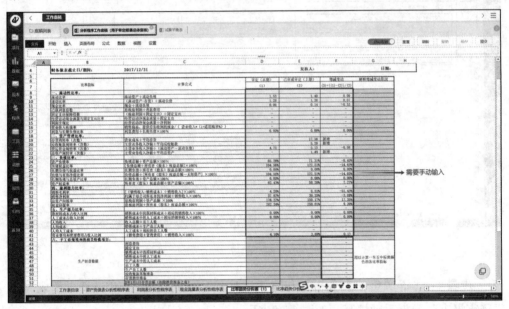

图 6-9

步骤7："比率趋势分析表（2）"底稿，根据提醒信息"比率趋势分析表（2）编制时需要根据平台中'审计工具-大数据审计分析'查询行业的相关指标对分分析"。需要注意："1. 运用大数据审计分析工具时，创建数据集时，只选择'2017年A股上市公司财务数据'即可。2. 为了方便计算，计算指标用全年平均值的，直接用期末数即可，蓝天通信的申万行业名称属于电气设备-高低压设备-线缆部件及其他。3. 行业指标需完成流动比率、速动比率、现金比率、已获利息倍数、存货周转率、应收账款周转率、总资产周转率、资产负债率、负债权益比率、资产权益率、销售毛利率"。首先，在页面左侧功能按键单击"工具"—"大数据审计分析"。进入"大数据分析平台"页面。单击"＋"创建文档—"准备数据"，如图6-10所示。

步骤8：在"数据集"页面内单击"智联数据"—"创建"，如图6-11所示，进入"数据集设计器（直连数据集）"页面，单击"数据源列表"—"▼"，选择"2017年A股上市公司财务数据"后单击"确定"，如图6-12所示。

步骤9：拖动"2017年A股上市公司财务数据"到"关联关系"页面建立关联。接着单击"字段列表"进入页面，其中给出了大量的行业指标，指标不全时可

图 6-10

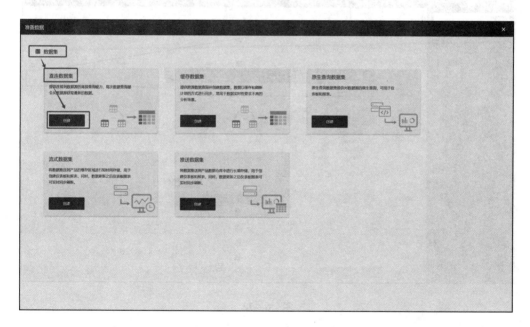

图 6-11

以自己添加指标和相关的计算，例如添加"流动比率"，单击"▼"—"增加计算字段"，输入字段名称，在"表达式"框内输入相应公式，单击"保存"，如图 6-13 所示。

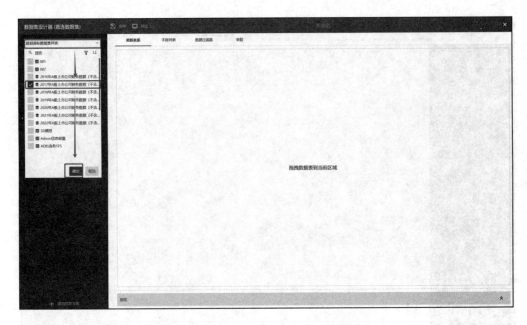

图 6－12

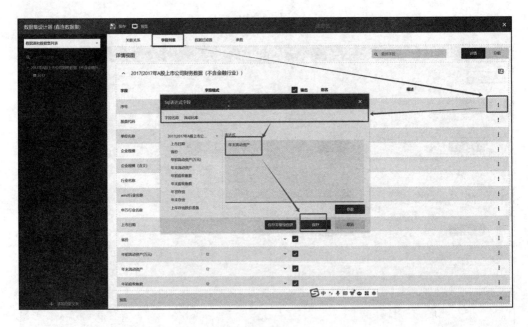

图 6－13

步骤 10：单击"数据过滤器"—"数据集"—"添加规则"，根据审计提示"蓝天通信的申万行业名称属于电气设备－高低压设备－线缆部件及其他"，选择"申万行业名称"，输入"电气设备－高低压设备－线缆部件及其他"，单击"保存"进行命名，完成数据准备，如图 6－14 所示。

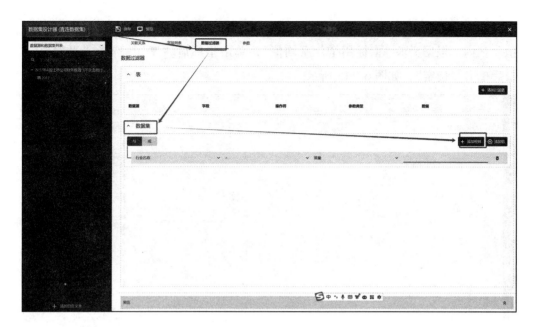

图 6-14

然后添加报表，单击"+"创建文档—"报表"，选择"空白 RDL 报表"，单击"创建报表"，如图 6-15 所示，创建报表完成。

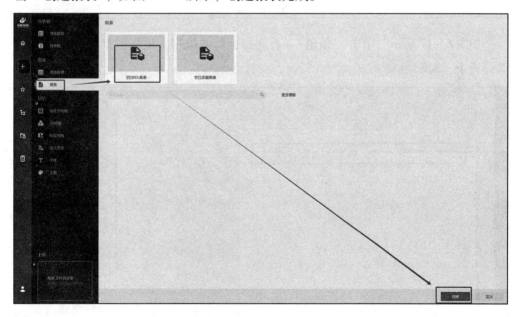

图 6-15

接着进行数据绑定，在页面单击"▼数据绑定"—"数据集"—"添加"，选择我们创建的数据集"添加"。然后添加各项指标，单击左侧"矩表"，将页面中

"申万行业名称"鼠标拖动到"行分组"。然后将业务要求比对的指标拖动到"数值"框内。根据要求"指标用全年平均值",单击指标后"▼",选择"平均值",最后单击"确定",如图 6 – 16 所示。

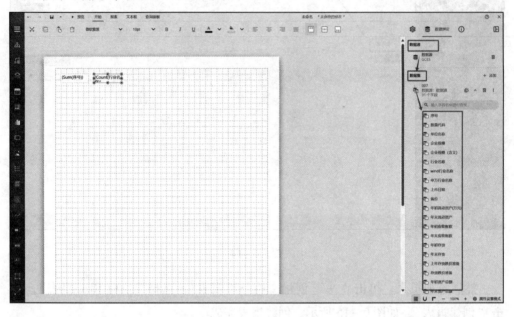

图　6 – 16

　　如图 6 – 17 所示,单击"预览",看到指标行业数据。根据数据填写"比率趋势分析表(2)"底稿。

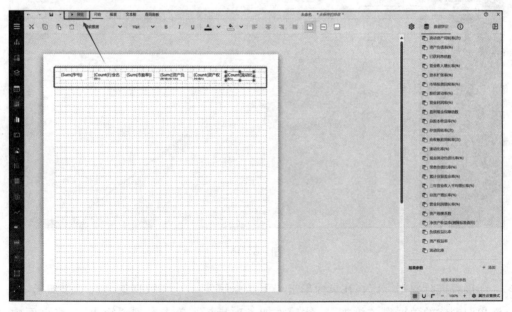

图　6 – 17

业务6-3 审计报告

业务场景

蓝天通信审计完成后，审计员A需要在智能审计平台的"审计报告"出具报告正文，报告号为中联财字［2018］000121号，审计意见为标准无保留意见。

业务目标

审计员A需要在智能审计平台的"审计报告"出具报告正文。

业务涉及岗位

审计员A。

业务要求

审计员A需要在智能审计平台的"审计报告"出具报告正文，报告号为中联财字［2018］000121号，审计意见为标准无保留意见。

业务实施

一、审计报告工作流程图

审计报告工作流程图，如图6-18所示。

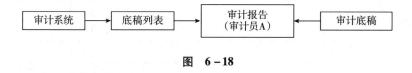

图 6-18

二、操作指导

步骤1：在中联教育系统中，登录审计员A账号，单击左侧"审计终结"，然后单击右侧"业务3，审计报告"了解清楚业务背景和要求后，单击下方"智能审计"按钮，进入审计系统页面。

步骤2：在"项目列表"页面找到需要审计的单位"湖北蓝天通信科技股份有限公司"，单击"进入"。

步骤3：在左侧单击"报告"—"报告正文"按钮，按照要求出具报告正文，报告号为中联财字〔2018〕000121号，根据审计情况，直接录入相关审计情况，并出具审计意见为标准无保留意见的报告，如图6-19所示。

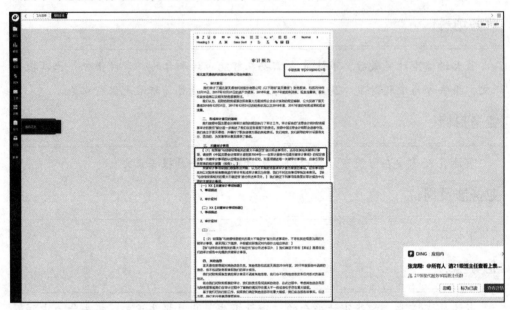

图　6-19

业务评价

项目六　审计终结评测量表

学生姓名		班级		学号	
实训日期					
实训地点			指导教师		

实训目标	内容	分值	自我评分	小组评分	教师评分	总分
知识目标（20分）	1. 掌握账项调整和重分类调整的含义	5分				
	2. 掌握试算平衡的含义	5分				
	3. 掌握分析程序的用途	5分				
	4. 掌握总体复核的含义和方法	5分				
技能目标（60分）	1. 能够在智能审计平台中对审计调整分录和重分类调整分录进行汇总，编制调整分录汇总表	10分				

续表

实训目标	内容	分值	自我评分	小组评分	教师评分	总分
技能目标 （60 分）	2. 能够依据相关审计准则与被审计单位就审计调整进行沟通，并要求被审计单位对认可的调整签字盖章，对被审计单位不认可的调整编制未更正错报汇总表，并要求被审计单位签字盖章	5 分				
	3. 能够在智能审计平台中熟练生成试算平衡表，对报表差异形成进行分析，依据相关企业会计准则对报表差异进行调整	15 分				
	4. 审计结束或临近结束时，能够在智能审计平台中运用分析程序，确定经审计调整后的财务报表整体是否与对被审计单位的了解一致，是否具有合理性	15 分				
	5. 在运用分析程序进行总体复核时，如果识别出以前未识别的重大错报风险，能够重新考虑对全部或部分各类别的交易、账户余额、披露评估的风险是否恰当，并在此基础上重新评价之前计划的审计程序是否充分，是否有必要追加审计程序	15 分				
素养目标 （20 分）	1. 学习《中国注册会计师审计准则——第 1501 号 – 第 1504 号》等准则，提高专业胜任能力	5 分				
	2. 通过编制调整分录汇总表，培养学生严谨、认真、求实的工作态度及前后审计流程衔接的独立思考能力	10 分				
	3. 在执行总体复核的过程中，能够运用专业判断，采用适当的审计程序获取证据，并对所获取的审计证据的可靠性保持职业怀疑	5 分				
自我反思						
小组评价		综合得分				
教师评价						

即测即练

拓　展　篇

项目7　经典案例分析

案例7-1　美国能源巨头安然公司破产涉及审计失败原因分析

一、背景与起因

安然公司的成功，即使是在美国这样敢于冒险、富有创新精神的国家，也绝对称得上是个商业神话。它吸引了无数人羡慕的眼光，也寄托了众多投资者发财的希望。然而，这一切是如此的短暂，当安然公司发表2001年第三季度亏损的财务报表后，安然帝国的崩塌就开始了。2001年10月16日，安然公司公布第三季度的财务状况，宣布公司亏损总计达到6.18亿美元，从安然公司走向毁灭的整个事件看，这次财务报表是整个事件的"导火索"。

2001年10月22日，theStreet.com网站发表文章进一步披露安然公司与另外两个关联企业Marlin2信托基金和Osprey信托基金的复杂交易，安然公司通过这两个基金举债34亿美元，但这些债务从未在安然季报和年报中披露。也就是在这一天，美国证券交易委员会盯上了安然公司，要求其主动提交某些交易的细节内容，并于10月31日开始对安然公司进行正式调查，至此，安然事件爆发。

在政府监管部门、媒体和市场的强大压力下，2001年11月8日，安然公司向美国证监会递交文件，承认做了假账：从1997年到2001年共虚报利润5.86亿美元，并且未将巨额债务入账。就在安然公司向美国证监会承认做假以后，它又犯了一次重大决策错误，同时遭受了一次收购失败的重大打击，最终其崩塌。2001年11月8日，安然公司在承认做假之际，预期美联储降息已近尾声，进一步降息的可能性不大，随着利率的逐步上升，美国国债价格将持续下降，于是便大量卖出其持有的将在两到三年内到期的欧洲美元期货，欲通过杀跌国债，获取投机利润。同时，由于2001年以来国际能源价格下跌，安然公司还想利用欧洲美元期货合同交易与下跌的石油价格对冲，达到套期保值的目的。但出乎意料的是，从11月12日开始的两周内，美国国债收益率大幅度增长，与此同时，原油的价格一再下跌，安然公司在国债和原油市场上遭受双重损失。

就在同一时间，安然公司找到一家大型能源公司，希望通过兼并来摆脱困境。这家能源公司叫迪诺基公司，总部也设在美国休斯敦，2000 年在《财富》世界 500 强排名中位于第 139 位，是安然公司的主要竞争对手。2001 年 11 月 9 日，安然公司与迪诺基公司进行谈判，迪诺基公司准备以换股方式用 90 亿美元兼并安然公司，并承担 130 亿美元的债务。正在双方讨价还价时，由于市场传言和媒体压力，安然公司股价大跌，2001 年 11 月 19 日，迪诺基公司以安然公司存在严重财务问题为由，向监管机构递交了停止收购的申请。迪诺基公司停止收购的决定给了安然公司最后一击，使其失去了最后的救命稻草。

二、被审计单位概况

安然公司成立于 1985 年，由美国休斯敦天然气公司和北方内陆天然气（Inter-North）公司合并而成，公司总部设在美国得克萨斯州的休斯敦，首任董事长兼首席执行官为肯尼斯·雷，他既是安然公司的主要创立者，也是创造安然公司神话并在后来导致危机的关键人物。

安然公司的经营领域包括电力和天然气、能源和商品运输，以及为全球客户提供财务和风险管理服务等，其中能源交易业务量居全美之首，2000 年营业额达 1010 亿美元，总资产为 620 亿美元，业务遍及 40 多个国家和地区，员工超过 2 万名。

安然公司成立之初，拥有 37000 千米的州内及跨州天然气管道，主要从事天然气的采购和出售。经过几年的努力，到 20 世纪 80 年代末 90 年代初，逐步发展成为北美和欧洲最大的天然气公司。后来，其他能源公司也开展此类业务，安然公司又开拓新的经营领域，出售电厂和相关设备，并为客户提供设备整合管理咨询服务，短短几年时间，安然公司迅速发展成为美国最大的电力交易做市商、能源批发做市商、年交易规模近 2000 亿美元的全球最大的电子商务交易平台。

从 1985 年到 2000 年短短的 15 年中，安然公司创造了一个接一个的神话，每一次行动都被媒体津津乐道，每一个战略都成为商学院 MBA 教学的经典案例。它的发展犹如坐上了火箭，才十几年的时间，就与通用、埃克森、美孚、壳牌等百年企业平起平坐，成为一代商业巨擘。从 1990 年到 2000 年的 10 年间，安然公司的销售收入从 59 亿美元上升到了 1008 亿美元，净利润从 2.02 亿美元上升到 9.79 亿美元，其股票成为众多证券评级机构的推荐对象和众多投资者的追捧对象，2000 年 8 月，安然股票攀升至历史最高水平，每股高达 90.56 美元。与此同时，评级媒体对安然公司也宠爱有加。2000 年，安然公司在美国《财富》杂志的美国 500 强大排队中位列第 7 名，在世界 500 强中位列第 16 位，并在《财富》杂志的调查中连续 6 年荣获

"最具创新精神的公司"称号。

翻阅安然公司1997年至2000年度的财务报告，其傲人业绩的确令人怦然心动。然而，安然公司2001年2月末公布的2000年度财务报告所描绘的辉煌灿烂、前程似锦的图景，不到一年就破灭了。

三、案件解析

1. 主要造假事实

安然公司通过政府放松能源管制获得了发展机会，通过大力发展金融衍生产品交易和电子商务使公司规模得以迅速扩大。然而当美国经济陷入衰退时，能源价格下降，网络经济泡沫破裂，股市下跌，安然公司的能源业务和金融衍生产品交易及电子商务都受到重大影响，面对这种情况，其面临重大抉择：是实话实说，承认公司面临困境，还是通过不正当手段，继续"维持高增长"，继续创造神话？

在当时普遍浮躁的气氛中，它选择了后者。其采取的方式是：利用资本重组，形成庞大而复杂的企业组织，通过错综复杂的关联交易虚构利润，利用财务制度上的漏洞隐藏债务。这一切都是经过精心策划的，看上去似乎无懈可击，环环相扣，从法律上和财务准则上很难找出毛病，但一旦某一个环节出现问题，造假链条就会中断，问题就会彻底暴露。

2. 复杂的企业结构、组织形式、关联交易方式和财务报表

（1）复杂的企业结构。从20世纪90年代中期以后，安然公司通过资本重组，建立复杂的公司体系，其各类子公司和合伙公司数量超过3000多个。这300多家企业形成错综复杂的关联链条，共同组成一个典型的"金字塔"式的关联企业集团。

安然公司通过资本重组形成复杂关联链条的做法是利用"金字塔"式多层控股链，来实现以最少的资金控制最多的公司的目标。它通过建立关联企业大量融资，边融资边建立新的关联企业。这样，关联企业越来越多，从事关联交易的空间越来越大，融资的杠杆效应越来越大，融资的数量也就越来越大。越是下层的关联企业离总公司的距离越远，其负债在总公司的财务报表上根本反映不出来。

安然公司编织关联企业网的具体做法：一是纵向持股，二是横向持股。纵向持股的做法是：安然在进行关联交易和融资的时候，当一个子公司的融资能力到了某种极限时，就把类似的这样几家企业组成一个新的控股公司，然后再以新公司的名义去融资，如此往复。例如，作为起点的安然公司（A公司）以51%股份控股了B公司，B公司再以同样的方式控股C公司，尽管A公司实际只拥有C公司25.5%的股份，仍能完全控制C公司。C公司再以同样的方式控股D公司，如此不断循环，

控股链层越来越多，实现控股所需的资金却越来越少。到了 H 公司时，由于 A 公司持有 H 公司的权益只有几个百分点，合并报表时，H 公司的财务状况不会反映到 A 公司上来，但 A 公司实际上完全控制着 H 公司的行为，可以通过它举债融资，也可以通过它做关联交易转移利润。横向持股的做法是：在从 B 公司到 H 公司的多个层次上相互交叉持股，编制出一个有无数个节点、结构复杂的公司网络。通过这样纵横交错的排列组合，最后发展出 3000 多家关联企业，就像迷宫一样，一般人根本无法弄清其中的奥妙，即使是它的策划者和控制者也不容易搞清楚。不过，有一点是清楚的，安然公司通过层层控股的方式，以比较少的资本控制着庞大的企业网络，那些层级较低的公司实际上成了处于最高端的安然上市公司的财务处理工具，所有的利润都集中地表现在上市公司的财务报表上，而所有的债务则通过不同层次和渠道化整为零，分散隐藏到被其控制的各层级的低层公司上，环环相扣。

（2）安然控股子公司的组织形式。美国企业组织形式种类繁多，不同的组织形式税收负担是不一样的。由于安然控股的子公司非常多，公司之间的关联交易也非常多，为减轻税收负担，安然必须考虑其子公司的组织形式问题。美国普通公司需缴纳个人和公司双重所得税，但独资公司、合伙企业、有限责任公司（Limited Liability Company，LLC）无需缴纳双重所得税，只需股东缴纳个人所得税，由于独资企业和合伙企业法律要求非常严格，股份流动能力小、流通成本高，所以安然的控股公司最后选择了有限责任公司形式。这里需要说明的是，美国的有限责任公司与中国不同，美国的有限责任公司满足一定的条件，可以不缴纳公司所得税。

采取复杂的公司结构，在美国并不少见。问题是，在安然公司复杂的结构中，一些高级管理人员在其下属的子公司中兼职，子公司之间的管理人员也相互兼职，这使得公司的关联交易与个人利益交织在一起，如安然公司的财务总监法斯托在好几个下属公司有兼职，从这些公司得到的好处达 3000 多万美元。由于有了个人利益，作假的动机会更加强烈。

（3）安然公司的关联交易方式。安然公司的关联交易方式多样，十分复杂，最典型的主要有四种：一是大量使用股票提供担保来进行融资；二是以出卖资产的收入作为业务收入，虚构利润，而出卖资产多在关联企业中进行，价格明显高于市场正常价格；三是不断制造概念，使投资者相信公司已经进入高增长、高利润的领域（如宽带通信等）；四是很多交易是在关联企业中进行"对倒"，通过"对倒"创造交易量，创造利润。复杂的公司结构和关联交易造就了安然公司的辉煌，也埋下了崩塌的隐患。由于安然公司与关联企业签订了许多复杂的担保合同，这些合同常有关于公司信用评级、资产价值、安然股价的条款。这些合同及条款看似各异，但实际上相关性极强，一旦某项条款触发，其他合同及条款就会发生连锁式崩塌。

（4）财务报表的问题。安然公司在财务方面存在的问题主要体现在四个方面：

第一，以复杂的财务结构掩盖存在的问题。为支持安然公司爆炸般的增长速度，与安然复杂的公司网络和关联交易一样，其管理层创造出一套非常复杂的财务结构，不仅一般投资者无法看懂，就连华尔街的分析师和会计学教授都难以解读。它利用复杂的财务结构，肆无忌惮地虚构利润，隐匿债务。

第二，在会计处理上，安然公司率先采用了一些技术，使其能够记录尚未创造收入的长期合同的盈亏资料。例如，它采用了一种叫"盯市"（mark-to-market）的会计制度，这种会计制度允许安然公司和其他能源类公司从账面上提高其当期净收益，而这些合同在 10 年或更长的时间内不一定能够实现。同时，这种会计制度还规定，公司可以不披露如何对订单进行估价的细节，也可以不披露收益的多少来自这种非现金收益。有会计专家认为，由于能源类产品订单变化很大，因此以没有规定的方法对其进行估价，给安然公司造假提供了很大的空间。

第三，安然公司自定会计条目。为了降低其财务报表的负债额，安然公司通过所谓的"特殊目的实体"（Special Purpose Entity, SPE）等方式，增加了不记入资产负债表的交易业务。

第四，安然公司钻了美国通用会计准则（GAAP）的空子，在财务报表中不如实反映负债。根据 GAAP 的规定，对于股权不超过 50% 的子公司，无须合并其会计报表。安然公司的结构非常复杂，层级很多，对很多层级较低的公司，安然公司拥有的股权比例很低，但实际上都受其控制，而这些子公司的负债在安然本身的资产负债表中体现不出来。这种做法大大降低了其资产负债率。

3. 主要会计问题

根据安然公司 2001 年 11 月向 SEC 提交的报告，以及新闻媒体披露的资料，安然公司的主要会计问题可分为四大类。

（1）利用"特殊目的实体"高估利润，低估负债。安然公司不恰当地利用"特殊目的实体"符合特定条件可以不纳入合并报表的会计惯例，将本应纳入合并报表的三个"特殊目的实体"排除在合并报表编制范围之外，导致 1997—2000 年期间高估了 4.99 亿美元的利润低估了数亿美元的负债。此外，安然公司以不符合"重要性"原则为由，未采纳安达信的调整建议，导致 1997—2000 年期间高估净利润0.92 亿美元，各年度的具体情况见表 7 – 1。

表 7 - 1

项目名称	1997 年	1998 年	1999 年	2000 年	合计
净利润：					
调整前净利润/亿美元	1.05	7.03	8.93	9.79	26.80
减：重新合并 EDI 和 Chewco 抵消的利润/亿美元	0.45	1.07	1.53	0.91	3.96
重新合并 LJM1 抵消的利润/亿美元			0.95	0.08	1.03
审计调整调减的利润/亿美元	0.51	0.06	0.02	0.33	0.92
调整后净利润/亿美元	0.09	5.90	6.43	8.47	20.89
调整后净利润占调整前比例%	8.60	83.90	72.00	86.50	77.90
债务总额：					
调整前债务总额/亿美元	62.54	73.57	81.52	100.23	
加：重新合并 SPE 增加的债务/亿美元	7.11	5.61	6.85	6.28	
调整后债务总额/亿美元	69.65	79.18	88.37	106.51	
调整后债务总额占调整前比例%	111.30	132.10	108.40	106.30	

（2）通过空挂应收票据，高估资产和股东权益。安然公司于 2000 年设立了四家分别冠名为 Raptorl、Raptorll、Raptorlll 和 RaptorlV 的"特殊目的实体"（以下称 V 类公司），为安然公司的投资的市场风险进行套期保值。为了解决 V 类公司的资本金问题，安然公司于 2000 年第一季度向 V 类公司发行了价值为 1.72 亿美元的普通股。在没有收到 V 类公司支付认股款的情况下，安然公司仍将其记录为实收股本的增加，并相应增加了应收票据，由此虚增了资产和股东权益 1.72 亿美元。按照公认会计准则，这笔交易应视为股东欠款，作为股东权益的减项。

此外，2001 年第一季度，安然公司与 V 类公司签订了若干份远期合同，根据这些合同的要求，安然公司在未来应向 V 类公司发行 8.28 亿美元的普通股，以此交换 V 类公司出具的应收票据。安然公司按上述方式将这些远期合同记录为实收股本和应收票据的增加，又虚增资产和股东权益 8.28 亿美元。

上述两项合计，安然公司共虚增了 10 亿美元的资产和股东权益。2001 年第三季度，安然公司不得不作为重大会计差错，同时调减了 12 亿美元的资产和股东权益，其中的 2 亿美元系安然公司应履行远期合同的公允价值超过所记录应收票据的差额。

（3）通过有限合伙企业操纵利润。安然公司通过一系列的金融创新，包括设立由其控制的有限合伙企业进行筹资或避险。现已披露的设立于 1999 年的 LJM1 开曼公司和 LJM2 共同投资公司（统称为 LJM）在法律上注册为私人投资有限合伙企业。

LJM 的合伙人分为一般合伙人和有限责任合伙人。

1999 年 6 月至 2001 年 9 月，安然公司与 LJM 公司发生了 24 笔交易，这些交易的价格大都严重偏离公允价值。安然公司现已披露的资料表明，这 24 笔交易使安然公司税前利润增加了 5.78 亿美元。其中，1999 年和 2000 年增加的税前利润为 7.43 亿美元，2001 年 1—6 月减少的税前利润为 1.65 亿美元。在这 24 笔交易中，安然公司通过将资产卖给 LJM2 确认了 8730 万美元的税前利润，LJM 购买安然公司发起设立的 SPE 的股权和债券，使安然公司确认了 240 万美元税前利润；LJM 受让安然公司联属企业的股权，使安然公司获利 1690 万美元；安然公司与 LJM 共同设立 5 个 SPE，并通过受让 LJM2 在这 5 个 SPE（其中 4 个为前述的 V 类公司）的股权等方式，确认了与风险管理活动有关的税前利润 4.712 亿美元。

安然公司通过上述交易确认的 5.78 亿美元税前利润中，1.03 亿美元已通过重新合并 LJM1 的报表予以抵消，其余 4.75 亿美元能否确认尚不得而知。但安然公司在 2001 年第三季度注销对 V 类公司的投资就确认了 10 亿美元亏损的事实，不能不让人怀疑安然公司在 1999 年和 2000 年确认上述交易利润的恰当性。

（4）利用合伙企业网络组织，自我交易，涉嫌隐瞒巨额损失。安然公司拥有错综复杂的庞大合伙企业网络组织，为特别目的（主要是为了安然公司购买资产或替其融资）设立了约 3000 家合伙企业和子公司，其中约 900 家设在海外的避税天堂。

4. 审计主体情况

（1）安达信的发展历程。安达信公司（Arthur Andersen）成立于 1913 年，由美国芝加哥大学教授阿瑟·安达信先生创建，最初的服务是收集客户的资料然后分类处理。自成立以来，一直以其稳健诚信的形象被公认为同行业中的"最佳精英"。

1916 年，安达信公司成为业内首家采用一套正式招聘大学毕业生计划的专业会计师行。

1924 年，统一所有办事处，确保以"同一声音"对外。

1932 年，在经济大萧条时期，安达信公司因帮助一家处在破产边缘的能源公司扭转了经营状况，开始得到业内外的尊重，不少全国性的银行和金融机构都聘请安达信做顾问。

1955 年，在墨西哥城开设首家美国以外的分公司。

20 世纪 70 年代初，在伊利诺伊州查理斯市成立全球培训中心。1972 年开始在亚洲开拓业务，开设香港和新加坡分公司。

1973 年，向公众发布首份由国际专业会计师行编制的年报。1979 年，成为全球最大的会计专业服务公司，合伙人多达 1000 多人。

1987 年正式进入中国市场，后在中国设立合作制会计师事务所安达信华强会计师事务所。

20 世纪 90 年代以后，经过近百年的发展的安达信已经与普华永道（PWC）、毕马威（KPMG）、安永（E. Y）德勤（D. T）一道成为全球最大的五大会计师事务所。

1987 年以来，安达信不仅主营业务收入增长很快，而且不断拓展新的业务领域，在保持传统的审计和税务咨询业务的基础上，安达信还将其公司重新定位，开拓出企业财务、电子商务、人力资源服务、法律服务、风险咨询等业务。

安达信包括安达信国际会计公司和安达信国际咨询公司两部分，1997 年开始，安达信花费了 3 年时间经历了与安达信咨询旷日持久的分拆大战，从此伤筋动骨，在"五大"中的地位由第一降至最末。到 2001 年，安达信在全球 84 个国家和地区拥有 4700 名合伙人、386 个办事机构、85000 名员工，业务收入高达 93 亿美元，在全球有近两万多个主要客户，其中美国安然公司是安达信的第二大客户。

（2）安达信在安然事件中扮演的角色。从安然公司成立时起，安达信就开始担任安然公司的外部审计工作。20 世纪 90 年代中期，安达信与安然签署了一项补充协议，安达信从此包揽安然的内部审计工作。不仅如此，安然公司的咨询业务也全部由安达信负责。接着，由安达信的前合伙人主持安然公司财务部门的工作，安然公司的许多高级管理人员也有不少来自安达信。从此，安达信与安然公司结成牢不可破的关系。

在安然事件中，人们对安达信的指责、质疑始于 2001 年 11 月下旬，安然公司在强大的论压力下承认自 1997 年以来通过非法手段虚报利润达 5.86 亿美元，在与关联公司的内部交易中不断隐藏债务和损失，管理层从中非法获益。这一消息传出，立刻引起美国资本市场的巨大动荡，媒体和公众将讨伐的目光对准负责为安然公司提供审计和咨询服务的安达信公司。人们纷纷指责其没有尽到应有的职责，并对其独立性表示怀疑。

美国公众和媒体指责、怀疑安达信在安然事件中的不当做法主要有以下几点：

第一，安达信明知安然公司存在财务作假的情况却没有予以披露。安然公司长时间虚构盈利（1997—2001 年虚构利润 5.86 亿美元），以及隐藏数亿美元的债务，作为十多年来一直为安然公司提供审计和咨询服务、在会计行业声誉卓著的安达信不可能不知道内情。

第二，安达信承接的安然公司的业务存在利益冲突。安然为了降低成本，安达信为了增加收入，安达信不仅接管了安然多家公司的会计工作，包括在 1994—1998

年间受聘为安然内部审计师，并全面负责安然的咨询工作，同时，安达信还承担安然的审计工作，如2001年安然向安达信支付的费用达5200万美元，其中2500万美元是审计费用，2700万美元是顾问费用，这种做法被指存在利益冲突。

第三，安然公司财务主管人员与安达信存在利害关系。安然公司数名掌管财务的高层来自安达信，如安然的会计主任加入公司前为安达信高级经理，安然的财务总监大学毕业后曾在安达信任审计经理。这种情况有损审计师的独立性。

第四，销毁文件，妨碍司法调查。安达信的一名合伙人在得知美国证监会将对安然公司展开调查后，下令销毁为数不少的有关安然的文件和电子邮件，这种行为被指有违职业操守，并涉嫌妨碍司法调查。虽然媒体纷纷指责、怀疑安达信涉嫌上述违规行为，但安达信几次发表声明，予以否认。

在安然公司承认1997—2001年间虚报利润5.86亿美元时，安达信发表声明，称安然公司未向安达信提供有关财务资料；在有报道说因为安然公司向安达信支付咨询费用，因而安达信忽略了安然公司潜在的利益冲突时，安达信的首席执行官贝拉尔迪诺对此予以坚决否认，并说安达信为安然公司所做的工作在任何情况下都是恰当的，安然公司的董事会和股东对安达信的工作是了解的；在有媒体指责安达信销毁与安然有关的财务资料时，安达信首席执行官召开记者招待会，称销毁安然公司文件的行为仅仅是会计师的个人行为，并不能代表整个公司的行为，他的这种行为也与安达信公司的价值观和职业道德相背离；在人们指出安然公司的倒闭主要是由于长期财务作假所致时，安达信表示，安然的破产是商业经营的失败，并不是因为财务问题。尽管如此，后来美国国会和政府部门的调查结果表明，安达信的确存在违规行为。

四、案件结果与启示

1. 案件结果

（1）安然公司破产。2001年10月16日，安然公司突然宣布，该公司第三季度亏损6.38亿美元，净资产因受外部合伙关系影响减少12亿美元。安然股价随即迅速下跌。2001年11月30日，安然股价跌至0.26美元，市值由峰值时的800亿美元跌至2亿美元。2001年12月2日，安然正式向破产法院申请破产保护，破产清单中所列资产价值高达498亿美元，成为当时美国历史上最大的破产企业。2002年1月15日，纽约证券交易所正式宣布，由于安然公司股票交易价格在过去30个交易日中持续低于1美元，决定根据有关规定，将安然公司股票从道·琼斯工业平均指数成分股中除名，并停止安然股票的相关交易。至此，安然这个曾经辉煌一时的能源巨人已完全崩塌。西方舆论分析，安然公司的债务结构由大量复杂且大部分不受监管的衍生金融工具组合构成，一旦崩溃，整体金融市场必将蒙受难以估量的巨大冲击。

（2）安达信解体。2002年6月15日，安达信被法院认定犯有妨碍政府调查安然破产案的罪行。安达信在陪审团作出决定后宣布，从2002年8月31日起停止从事上市公司的审计业务。此后，2000多家上市公司客户陆续离开安达信，安达信在全球的分支机构相继被撤销和收购。8月27日，安达信环球与安然股东和雇员达成协议，同意支付6000万美元以解决由安然破产案所引发的法律诉讼。但安达信美国分部就没有那么幸运了，作为安然的外部审计师，它仍然是这起集体诉讼的被告之一。2002年8月31日，安达信环球（Andersen World Wide）集团的美国分部安达信会计师事务所（Arthur Andersen LLP）宣布，从即日起放弃在美国的全部审计业务，正式退出其从事了89年的审计行业。2002年10月16日，美国斯敦联邦地区法院对安达信妨碍司法调查做出判决，罚款50万美元，并禁止它在5年内从事业务，此次裁决使安达信成为美国历史上第一家被判"有罪"的大型会计行。2005年5月31日，美国最高法院推翻了安达信公司妨碍司法的判决，认定先前判决缺乏充分证据。对安达信而言，3年后虽然终于等到最高法院为其翻案，但实际意义可能将只限定于"还其清白"的范畴。这一最终裁定充其量也只能使安达信在民事诉讼中处于比较有利的位置，而合伙人也可能不会因为败诉而赔得倾家荡产。

2. 案件启示

（1）安然事件的启示。安然事件连同美国9·11事件、世界通信公司会计造假案和安达信解体，被美国证监会前主席哈维·皮特称为美国金融证券市场遭遇的"四大危机"，可见安然事件对美国经济的影响之大。安然事件对美国经济的影响是多方面的，有直接的，也有间接的，有些影响现在还难以估量。从会计审计和公司治理的角度看，安然事件给予我们的教训是深刻的，同时也给我们许多启示。既不应夸大独立审计在证券监管中的作用，也不应将上市公司因舞弊倒闭的全部责任归咎于注册会计师。独立审计是证券市场发展的基石，也是确保上市公司会计信息质量的制度安排。然而，独立审计在证券市场监管中的作用是有限的。诚然，安达信对安然公司的崩塌负有不可推卸的责任，但在证券市场监管这个系统工程中，其他相关部门也脱离不了干系。美国著名经济学家保罗·克鲁格曼2002年1月18日在《纽约时报》发表了题为《一个腐朽的制度》的文章。他在分析安然事件时尖锐地指出："安然公司的崩塌不只是一个公司垮台的问题，它是一个制度的瓦解。而这个制度的失败不是因为疏忽大意或机能不健全，而是因为腐朽……资本主义依靠一套监督机制——其中很多是由政府提供的——防止内部人滥用职权。这其中包括现代会计制度、独立审计员、证券和金融市场制度以及禁止内部交易的规定。安然事件表明，这些制度已经腐朽了。用于制止内部人滥用职权的检查和约束机制没有一条奏效，而本应该执行独立审计的工作人员却妥协让步。"从克鲁格曼精辟的深层次分析中，可以得出的结论是：安达信也是这个"腐朽制度"的殉葬品。因为如果整个制度都腐朽了，注册会计师还能独善其身吗？

（2）过分崇拜市场的力量，民间自律不见得是最佳选择。克鲁格曼指出，现代资本主义制度本身是腐朽的，其结果是显而易见的：自由变成了欺骗的武器。他还认为，市场经济本身不能解决所有问题，克鲁格曼的观点无疑是正确的。经济学的大量研究结果证明，市场经济需要适度的管制，以防止市场衰败（包括证券市场衰败），会计准则和审计准则虽是管制的一种表现形式，其本身也需要管制。安然事件表明，"看不见之手"总有失灵的时候，完全依赖市场力量和民间自律进行会计审计规范是不切合实际的。就会计规范而言，会计制度和准则完全由民间机构制定，其权威性必然遭到削弱，其监督实施效率也很低。反之，完全由官方制定，在提高权威性和监督实施效率的同时，可能会降低制定机构的独立性，也难以保证会计制度和准则的高质量。因此，会计规范的民间主导模式不一定是最佳选择，而会计规范的官方主导模式也不见得完美无缺。问题的关键不是两种模式孰优孰劣，而是会计规范的制定者能否真正保持独立，能否以社会公众利益为己任，真正做到客观、公正。从审计规范的角度看，美国式的民间行业自律模式，其弊端在安然事件中已暴露无遗。注册会计师行业协会要同时扮演"守护神"和"监管者"的角色，本身就存在着利害冲突。唯一可行的是角色分立，行业协会要么成为注册会计师正当权益的"代言人"，要么成为注册会计师执业行为的"监管者"

（3）既不要迷信美国的公司治理模式，也不可神化独立董事。公司治理是确保会计信息质量的内部制度安排。健全的公司治理既可防范舞弊行为，也有助于提高会计信息的可靠性。问题是，什么是健全的公司治理？美国式的公司治理，历来是备受推崇的，也是我国的重点借鉴对象，它是在股权相当分散的环境下逐步发展起来的。为了防止公司高级管理层利用股权分散滥用职权，侵犯中小股东的正当利益，美国十分注重独立董事制度，并要求独立董事主导提名委员会、审计委员会和薪酬委员会的工作。这种强调独立董事职能的公司治理模式，当然有其合理的成分，但安然事件表明独立董事并非万能。

我们查阅了安然公司2000年度的年报，分析了安然公司董事会成员的构成及其背景，结果惊愕地发现，安然公司的董事会成员中，除了董事会主席肯尼斯·雷和首席执行官杰佛里·基林外，其余 15 名董事均为独立董事。审计委员会的 7 名委员全部由独立董事组成，主席由已退休的斯坦福大学商学院前院长会计学教授罗伯特·杰迪克担任。独立董事不乏知名人物，包括美国奥林匹克运动委员会秘书长、美国商品期货交易管理委员会前主席、电气公司前主席兼首席执行官、德州大学校长、英国前能源部长等社会名流。但即使这些德高望重的独立董事们也未能为安然公司的股东把好对高层管理人员的监督关，最终导致投资者损失惨重。

（4）不能只重视制度安排，而忽视全方位的诚信教育。证券市场是充满机会和诱惑的博弈场所，需要通过制度安排对参与者和监管者进行制约和威慑。然而，如果证券市场的参与者和监管者不讲正直诚信，制度安排将显得苍白无力。当巨额的经济利益与严肃的道德规范碰撞时，只有潜移默化的诚信教育，才能使天平倾向于道德规范。安然事件表明，诚信教育应当是全方位的。注册会计师需要诚信教育，律师、证券分析师、投资银行、信用评级机构、中小投资者、证券市场的参与者，以及政府官员、监管机构和新闻媒体等证券监督者，也需要诚信教育。诚信教育首先应当从政府抓起，否则，克鲁格曼所说的"腐朽制度"就无可救药了。

（5）不要迷信"四大会计师事务所"，"四大"的审计质量不总是值得信赖的。客观地说，"四大"在管理咨询、内部管理、公关能力和业务培训方面是无与伦比的，但"四大"并不是方方面面都伟大。安然事件后，许多新闻报道的资料显示，"四大"的审计质量令人担忧。20 世纪 80 年代末臭名昭著的国际商业信贷银行倒闭案，迫使普华支付了 1 亿多美元的赔偿，才与蒙受巨额损失的投资者达成庭外和解；1990 年加州奥然治县破产案、巴林银行理森舞弊案也把毕马威、德勤、永道抬入了代价高昂的诉讼；施乐公司、朗讯公司、山登公司等重大恶性案件，"四大"也都牵涉其中，如 2001 年 8 月，法院裁定安永向山登公司的股东支付 3.35 亿美元的赔偿。万众瞩目的安然事件的焦点方之一安达信更是官司缠身，丑闻不断。2002 年，美联社发表了题为《安达信的过去有审计问题》的报道，历数了安达信过去 20 年存在的严重审计问题，其中包括阳光公司案和废物管理公司案。阳光公司因舞弊败露而退市并申请破产保护，安达信为此支付了 1.1 亿美元的赔偿，才了结与阳光公司股东的法律诉讼；2001 年，安达信因纵容废物管理公司的财务舞弊，被美国证券交易委员会（United States Securities and Exchange Commission，SEC）判罚了 700 万美元的罚款，创下 SEC 对会计师事务所单笔罚款的记录。此外，2002 年 1 月 14 日，SEC 对毕马威做出公开谴责，因为毕马威在对 AM 互助基金有大量投资的情况下，没有实行回避制度，仍为其提供审计鉴证，违反了独立性的规定。类似案件不胜枚举，表明"四大"的审计不总是值得信赖的。20 世纪 40 年代以后，审计竞争日益激烈，事务所之间的合并加剧，从"八大"国际会计师事务所、到"六大"、到"五大"、再到如今的"四大"。与此同时，审计的技术也在不断地发展：抽样审计方法得到广泛采用，制度基础审计方法得到推广，计算机辅助审计技术被广泛采用。注册会计师业务扩大到代理纳税、会计服务、管理咨询等领域。应该说，美国对于会计师的监督管理还是相当严格的，除了行业协会外，财政部、证券交易委员会等都严格监控上市公司的财务报表和会计师事务所的审计报告，确保审计程序合法，报表数字真实。大公司、大会计师事务所是监控的重点，而小公司、个人收入、纳税报表受监督较松，但一旦出了问题同样吃不了兜着走。例如，不管是公司和个人提供的收入表、报税单，在经过会计师审核后，财政税务部门不会一一核查，但他们会采取抽查的方式，一旦被抽中且被查出问题，那么至少要连查该公司或个人过去3年的资料。如果出现问题，那么巨额罚款甚至坐牢是少不了的，而相关的会计师事务所也相应地要被吊销执照、课以重罚。当然，铤而走险的人仍然络绎不绝。如何防堵漏洞，欧美会计师行业内部一直在争论，安然和安达信的事情暴露之后，其后续影响之一是直接推动了会计师行业的变革。

（6）安达信对安然公司的审计缺乏独立性。注册会计师审计具有客观、独立、公正的特征。这种特征，一方面保证了注册会计师审计具有鉴证职能。另一方面也使其在社会上享有较高的权威性．当这种独立客观受到侵害时，受伤的是一个群体。独立性是社会审计的灵魂，离开了独立性，审计质量只能是一种奢谈。安达信在审计安然公司时，是否保持独立性，受到了美国各界的广泛质疑。从美国国会等部门调查所披露的资料和新闻媒体的报道看，安达信对安然公司的审计至少缺乏形式上的独立性，主要表现为以下几点：

第一，安达信不仅为安然公司提供审计鉴证服务，而且提供收入不菲的咨询业务。安然公司是安达信的第二大客户，2000年度，安达信向安然公司收取了高达5200万美元的费用，其中一半以上为咨询收入。安达信提供的咨询服务甚至包括代理记账。社会各界纷纷质疑，既然安达信从安然公司获取回报丰厚的咨询收入，它能保持独立性吗？安达信在安然公司的审计中是否存在利害冲突？它能够以超然独立的立场对安然公司的财务报表发表不偏不倚的意见吗？即使安达信发现了重大的会计问题，它有可能冒着被辞聘从而丧失巨额收入的风险而坚持立场吗？面对诸如此类的质疑，即使安达信能够从专业的角度辩解自己并没有违反职业道德，但社会大众认为安达信至少缺乏形式上的独立性。

第二，资料显示，安达信的政治行动委员会在2000年美国国会选举中捐助了99万美元的"政治献金"。会计师事务所居然设立政治行动委员会，试图影响国会选举，独立性何在？

　　第三，安然公司的许多高层管理人员为安达信的前雇员，他们之间的密切关系至少有损安达信形式上的独立性。安然公司的首席财务主管、首席会计主管和公司发展部副总经理等高层管理人员都是安然公司从安达信招聘过来的。至于从安达信辞职，到安然公司担任较低级别的管理人员的更是不胜枚举。美国证券交易委员会前任主席认为，安达信公司在安然公司会计问题中扮演的角色进一步证明，需要提高对会计行业的监控力度。其原因是顾问工作带来的潜在益处可能会形成利益冲突，从而降低审计师角色的独立性。

案例 7-2 意大利帕玛拉特公司财务造假涉及审计责任问题

一、背景与起因

帕玛拉特公司的财务危机始于 20 世纪 90 年代向美洲市场扩张计划的失败。由于当地市场的不认同，使得其美洲市场亏损严重，而巴西、阿根廷的经济危机又使公司财务雪上加霜。帕玛拉特公司一直是债券市场上的重量级客户，长期负担巨额债务，但是由于其一直声称拥有充足的现金储备，因此其信用危机未引起相关人士的警觉。

2003 年 9 月 11 日，帕玛拉特公司向投资者宣布上半年的利润同比下降后，标准普尔将帕玛拉特债务的等级从投资级调低到稳定级。意大利金融市场监管局明确要求帕玛拉特向投资人澄清其债务方面的问题，此举导致帕玛拉特股票和债券价格进一步下跌。尽管帕玛拉特宣称其有价值 26.5 亿欧元的资产可以迅速变现，其中包括价值近 5 亿欧元、可以在 30 天内变现的在 Epicurum 开放式共同基金上的投资，但股票价格却再次大幅度下跌。2003 年 11 月 11 日，帕玛拉特公司的主审计师德勤会计师事务所对其 2003 财务年度上半年的中报发表了"拒绝表示意见"的审计报告。

随后，意大利金融市场监管当局要求公司详细说明对外投资的情况以及下一年度的债务偿还计划，标准普尔也警告可能调低对其的债券评级。12 月 8 日，公司未能清偿 1.5 亿欧元的债券，其债券遭到大量抛售。9 日，公司宣布无法收回 Epicurum 的投资，并聘请公司重组专家恩里克·邦迪（Enrico Bondi）对公司进行重组。19 日，美洲银行（Bank of America）宣布，帕玛拉特子公司邦雷特财务公司在美洲银行的一笔 39.5 亿欧元的流动资金不存在。同日，意大利金融市场监管机构称，该机构已要求美国证券交易委员会协助调查帕玛拉特涉嫌欺诈一案。标准普尔亦进一步调低帕玛拉特公司债券的信用评级，由垃圾等级下调为违约等级（D 级），帕玛拉特股票当天停牌，22 日复牌后跌至 0.11 欧元；其债券价格继续下跌，在 19 日早盘交易中，2008 年到期的欧元债券价格仅为面值的 33%～35%。

二、被审计单位概况

帕玛拉特，直译是来自帕尔玛城的牛奶，意大利最著名的品牌之一。2003 年，帕玛拉特公司是意大利的第八大企业，位居 2003 年全球 500 强的第 369 位、食品生产企业的前 10 名。帕玛拉特集团（Parmalat Finanziaria SpA）于 1961 年成立于意大利帕尔马附近的克莱齐奥（Collecchio），主要生产和销售牛奶、酸奶酪制品、冰淇淋、鲜果汁、蔬菜罐头、烘烤制品及番茄制品。它旗下的品牌很多，除帕玛拉特品牌外，还拥有其他著名的品牌，如 Chef、Mr.ay、Beatrice、Blackdiamond 等，并拥有 AC 米兰俱乐部。四十年来，它从一个默默无闻的小作坊一度发展成为全球乳制品行业的翘楚、意大利第八大企业集团。截至 2002 年年底，帕玛拉特在全球 30 多个国家拥有 19 家子公司和加工厂，雇员人数超过 36356 名，年销售收入为 76 亿欧元。

帕玛拉特集团的创始人为卡里斯托·坦齐（Calisto Tanzi），他于 1959 年子承父业，经营一家熟肉和番茄酱生产公司。在一次瑞典之行中，受高温消毒牛奶无须冷藏可长时间保存的启发，坦齐开始进军牛奶行业，并乘 20 世纪 70 年代意大利打破牛奶专营权之际，收购了大量地方奶牛场，将公司迅速转型为一家大型乳制品公司。帕玛拉特公司自 1987 年在米兰成功上市以来，快速占领世界市场，成为世界最为知名的乳制品制造商。它的成功，还得益于品牌的树立。它是帕尔马足球俱乐部（意大利甲级劲旅，于 2004 年 4 月 28 日因债务负担过重、资不抵债而宣告破产）的直接控制者，同时也是巴西帕尔梅拉斯、巴拉佩那罗尔队等 9 支世界知名球队的赞助商。帕玛拉特公司在财务危机爆发前曾位居米兰股票交易所的蓝筹股行列，股票市值曾一度高达 32 亿欧元。

三、案件解析

1. 主要会计问题

帕玛拉特从财务危机爆发到破产宣告，前后不过数月，成为"欧洲版的安然"，在全球引起轩然大波，再次将世人的目光聚焦在公司的财务丑闻上。

在帕玛拉特舞弊案的策划者和执行者中，除坦齐外，主要人物还有两位前首席财务官法斯托·通纳（Fausto Tonna）和卢西安诺·德尔·索尔达托（Luciano Del Soldato）、会计部主管吉恩弗兰科·波契（Gianfranco Bocchi）和克劳迪欧·佩西纳（Claudio Pessina）、公司外部顾问（外聘律师）吉恩·保罗·兹尼（Gian Paolo Zini）等人。通纳不是坦齐家族成员，但他获得了坦齐的绝对信任。他不仅出任掌控了帕玛拉特 51% 股权的坦齐家族公司的董事会主席，也是此次舞弊案中心 Bonlat 财务公司的三名董事之一。就在帕玛拉特上市当年（1987 年），通纳出任 CFO，几乎同时，公司舞弊（始于 1988 年）也拉开序幕。以坦齐为核心、通纳为军师的一小部分人，开始在造假舞台上"同台献艺"，演绎了令世界震惊的舞弊案。

帕玛拉特危机是公司管理层进行财务欺诈导致的。在初步调查之后，意大利检查人员表示，在过去长达 15 年的时间里，帕玛拉特管理层通过伪造会计记录，以虚增资产的方法弥补了累计高达 162 亿美元的负债。欺诈的目的不外乎两个，一是隐瞒公司因长期扩张而导致的严重财务亏空，二是把资金从帕玛拉特（其中坦齐家族占有 51% 的股份）转移到坦齐家族完全控股的其他公司。

具体来说，帕玛拉特财务欺诈的手法包括以下五个方面：

（1）利用衍生金融工具和复杂的财务交易掩盖负债。帕玛拉特通过花旗集团（Citigroup）、美林证券（Merrill Lynch）等投资银行进行操作，利用衍生金融工具和复杂的财务交易掩盖负债。在案发前几年，帕玛拉特一直利用这种手段粉饰资产负债表。例如，在 1999 年，帕玛拉特向花旗集团借款 1.17 亿欧元，但这笔借款却由花旗集团的一家分公司 Buconero（意大利语意思为"黑洞"）以"投资"形式流向帕玛拉特，从而掩盖了负债。

（2）伪造文件虚报银行存款。帕玛拉特通过伪造文件，声称通过其凯曼群岛的分公司 Bonlat 将价值 49 亿美元的资金（大约占其资产的 38%）存放在美洲银行账户。但美洲银行在 2003 年 12 月 19 日称，帕玛拉特集团设立的账户并不存在，而且提供的证明文件也是假的。

（3）利用关联方转移资金。帕玛拉特利用复杂的公司结构和众多的海外公司转移资金。据《华尔街日报》报道，帕玛拉特注册在荷属安德列斯群岛的两家公司 Curcastle 和 Zilpa 是用来转移资金的工具。操作方法是，坦齐指使有关人员伪造虚假文件，以证明帕玛拉特对这两家公司负债，然后帕玛拉特将资金注入这两家公司，再由这两家公司将资金转移到坦齐家族控制的公司。到 1998 年，帕玛拉特对两家公司的虚假负债达到了 19 亿美元。

（4）设立投资基金转移资金。帕玛拉特与注册在凯曼群岛的一家神秘的证券投资基金 Epicurum 的关系扑朔迷离。Epicurum 基金成立于 2002 年，对外声称主要投资于休闲、旅游和食品业。在其成立两个月后，帕玛拉特就对它投资 6.17 亿美元，并承诺将继续投资 1.54 亿美元，成为 Epicurum 基金最大的投资者。同样，这笔投资也是通过 Bonlat 分公司流出的，且没有向投资者公告，甚至董事会的两名成员在接受采访时也称毫不知情。越来越多的证据显示，在坦齐的授意下，帕玛拉特的财务总监通纳和一名外聘律师兹尼建立了这个基金，目的是向坦齐的家族企业转移资金。

（5）虚构业务交易，夸大应收账款。调查表明，帕玛拉特在案发前几年中虚构了大量的业务交易，借此夸大其海外子公司的销售业绩，并通过伪造询证回函，夸大应收账款。其中，帕玛拉特虚构的与古巴一家公司的业务交易，堪称荒谬绝伦。2003 年 1 月 31 日，均富意大利会计师事务所通过帕玛拉特将一份销售款询证函寄往古巴 Alimport 食品进口公司和新加坡 Camfield 公司，求证由 Bonlat 从新加坡 Cam-field 公司进口 30 亿吨价值 4.96 亿欧元奶粉，再转售给 Alimport 公司的业务交易及相应账款。Bonlat 通过这笔交易确认了对 Alimport 公司的 4.86 亿美元应收账款。但事实上 Alimport 公司只是每月从帕玛拉特智利公司进口价值 56 万～64 万欧元的奶粉（约 600～700 吨）。帕玛拉特职员在均富意大利据以确认该项销售款的重要依据询证回函上，同样扮演了弄虚作假的不光彩角色。

2. 主要审计问题

均富国际起源于 1924 年芝加哥成立的一家会计师事务所，是国际会计师行业具有较高知名度的六家跨国会计公司其中之一。均富国际除能提供高效率、高素质的全球服务外，亦协助致力成长的客户减少国际投资风险，均富国际各成员主要提供审计、会计、咨询等服务。1999 年之前，均富意大利会计事务所接受帕玛拉特集团委聘负责帕玛拉特集团的年度报表审计业务。

世界四大会计事务所之一的德勤会计师事务所（Deloitte & Touche）是德勤全球（Deloitte Touche Tohmatsu）在美国的分支机构。目前，德勤公司的主要服务项目有会计和审计、税务咨询和税务规划、信息技术咨询、管理咨询以及兼并和收购咨询。1999 年，在意大利法律的强制要求下，帕玛拉特集团将其审计师轮换为德勤。但是，均富仍然向帕玛拉特的海外分公司提供审计服务。从注册会计师的角度来看，在此案件中暴露出来的主要审计问题如下。

（1）外部审计师强制轮换流于形式。在该案例中，会计师事务所强制轮换制度流于形式。意大利有着严格的公司审计方面的管制，意大利法律规定外部审计人员每 3 年指定一次，连续 3 次就必须轮换审计公司，并限制审计人员为客户提供其他服务。从 1990 年至 1998 年，均富一直为帕玛拉特提供审计服务。

1999 年起，德勤接手帕玛拉特审计业务，而均富成为帕玛拉特全资子公司 Bonlat 的审计师。调查显示，Bonlat 是制造一系列财务欺诈的中心环节。更换事务所后，在均富意大利有关人员的建议下，帕玛拉特在凯曼群岛成立了 Bonlat，这样 Bonlat 就可以不受意大利规定的约束，继续由均富为其审计。就是这些海外分公司参与了帕玛拉特重大舞弊，而均富会计师事务所仅仅遵守了内部的更换和主审计师更换的规定，实质性的审计仍由均富会计师事务所进行，均富意大利似乎从不会怀疑帕玛拉特提供的文件。因此，1999 年后，帕玛拉特虚构了与 Bonlat 公司的大量交易，并通过伪造各种文件资料掩饰财务舞弊。关于事务所的强制轮换，帕玛拉特在形式上遵循了意大利的法律，却又偏离了法律的实质。

（2）审计程序缺乏应有的职业谨慎和职业怀疑。帕玛拉特上百亿的资产是虚构出来的，如果审计师能够保持职业谨慎和职业怀疑，怎么可能没有察觉到呢？2002年12月31日 Bonlat 公司授权均富确认其在美洲银行的存款账户，帕玛拉特的会计当即就利用一台扫描仪和一台传真机伪造了一份美洲银行的确认函，确认有 39.5 亿欧元存款归属于帕玛拉特的分支机构 Bonlat 公司，均富在 2003 年 3 月收到确认函后将这笔资金列入 Bonlat 公司的资产目录中，而负责整个帕玛拉特集团审计的德勤随后也在会计报表上签字确认，一笔虚构的巨额资产就完成了。

2003 年 2 月，均富为了了解更多关于帕玛拉特的 Epicurum 基金情况，查看了基金董事会成员的名单，以核实是否存在关联交易。在经过复核名单和听取了律师的解释后，均富将该投资认可为现金和可流通的有价证券，但没有提及 Epicurum 基金这个名字，而德勤也没有对这笔存款进行复核或直接函证。均富依靠帕玛拉特的邮寄系统发送关于帕玛拉特的审计询证函，均富的询证函根本就没有到达他们想要到达的目的地。他们所收到的确认函都是在帕玛拉特高层官员授意下的伪造文件。依赖客户的资源来询证客户的账户，这至少是缺乏应有的职业谨慎。

（3）合并报表的审计责任不明确。德勤从 1999 年起担任帕玛拉特的外部审计师，2002 年又续聘至 2004 年。作为负责整个帕玛拉特集团审计的主审计师，德勤的审计报告部分依赖于均富的审计意见。2002 年度占合并资产 49% 的资产和合并收入 30% 的收入是由其他审计师（均富）审计的，而德勤在没有对此部分报表实施追加审计程序的情况下，出具了无保留意见。在这种情况下，主审计师发表合并报表的审计意见是否适当，值得商榷。

事实上，国际审计准则已经规定，集团公司的审计师应该考虑其他审计师的重大发现。但是，意大利的审计准则允许集团公司审计师依赖子公司的审计结果。因此，德勤没有对由均富审计的帕玛拉特海外分公司进行独立的复核，也无须为子公司的审计结果承担责任。直到 2003 年，意大利出台了与国际审计准则类似的规定，德勤按照新规定执行审计时才发现了帕玛拉特海外分公司的问题，并向证券监管部门汇报。

四、案件结果与启示

1. 案件结果

2003 年 12 月 20 日，意大利总理贝卢斯科尼宣布政府将援助帕玛拉特公司，挽救公司产业和就业岗位。22 日，坦齐和其他近 20 位公司管理人员开始接受意大利法院的刑事调查。24 日，帕玛拉特正式向意大利工业部和帕尔玛检察官办公室申请破产保护。27 日，意大利帕尔玛地方破产法院批准了帕玛拉特公司提出的破产保护申请。29 日，SEC 宣布起诉帕玛拉特，指控其通过虚增公司资产、少报负债的方法进行金融欺诈。同日，坦齐承认帕玛拉特公司的账上存在 80 亿欧元的漏洞。

2004 年 1 月 3 日，意大利司法部门证实美国和意大利司法当局已经开始联合调查帕玛拉特在美国证券市场的运作情况，曾帮助帕玛拉特销售公司债券的美洲银行等也在接受调查。

2004 年 3 月 18 日，意大利检查人员以操纵市场的罪名正式向米兰法院起诉 29 名涉案人员，以及美国银行、德勤和均富会计师事务所在意大利的分支机构。被起诉的 29 名人员中包括帕玛拉特创始人、原财务总监、法律顾问以及美国银行、德勤和均富会计师事务所在意大利分支机构的负责人。而美洲银行德勤和均富会计师事务所在意大利的分支机构将面临"知情不报"的处罚。

此外，由于债权人拥有帕玛拉特 148 亿欧元的债权，美洲银行甚至还将同时面临债权人在美国提出的集体诉讼。随着调查的深入，包括花旗银行、摩根大通、德意志银行、摩根士丹利、意大利最大的银行因特撒银行等都面临着意大利政府的调查和指控。

2004 年 7 月 31 日，曾经因巨额金融诈骗丑闻而闻名世界的意大利帕玛拉特公司，对金融巨头花旗银行提起了诉讼。

2004 年 8 月 9 日，帕玛拉特又向前顾问公司德意志银行提起诉讼，要求其归还 1700 万欧元及利息。2004 年 8 月 18 日，意大利食品集团帕玛拉特控告之前为其做审计的德勤和 Grant Thornton 两家会计师事务所，索赔至少 100 亿美元；同时扩大诉讼规模，以期从导致该公司破产的财务伙伴手中夺回资金。

2007 年 1 月 15 日，帕玛拉特和德勤达成庭外和解协议，德勤和其在意大利的子公司将共向帕玛拉特支付共计 1.49 亿美元的和解费。

2. 案件启示

（1）严格遵守审计准则，注重审计程序的谨慎性。均富和德勤会计师事务所本应抱有专业怀疑的态度审计，但是，注册会计师的独立性在强大的管理层面前是那么的苍白无力。在审计中，均富没有严格遵循审计准则规定的审计程序，致使出现重大疏漏，甚至涉嫌参与财务造假。对于德勤，由于率先对帕玛拉特的 2003 年中报发出公开质疑，而且在审计帕玛拉特设于卢森堡的子公司 ParmalatSoparfi 时，连续对其 1999—2001 年 3 年间的年报出具了保留意见审计报告，所以其面临的压力要小一些。但是，德勤在对帕玛拉特的审计中也存在严重问题。最明显的是，德勤没有对 40 亿欧元的存款进行复核或直接函证。

根据《独立审计具体准则第 27 号——函证》的相关规定，询证函经被审计单位盖章后，由注册会计师直接发出，在询证函中指明直接向接受审计业务委托的会计师事务所回函。因此，均富、德勤在对帕玛拉特审计过程中已经明显违规，而这同时也为帕玛拉特相关人员弄虚作假，掩盖、挪用资金的行为创造了机会。此外，根据规定，如果有迹象表明收回的询证函不可靠，注册会计师应当实施适当的审计程序予以证实或消除疑虑，但均富、德勤在未亲自函证、难以验证询证函可靠性的情况下，却依然出具了无保留意见的审计报告，也属于违规行为。所以，对于注册会计师而言，虽然不会被苛求对于会计报表中的所有错报事项都要承担法律责任，但注册会计师是否承担法律责任的关键，在于注册会计师是否有过失或欺诈行为。而判别注册会计师是否具有过失的关键，在于注册会计师是否遵照专业标准的要求执行。因此，保持良好的职业道德，严格遵循专业标准的要求执业、出具报告，对于避免法律诉讼或在提起的诉讼中保护注册会计师具有无比的重要性。

（2）会计师事务所轮换制度与审计质量。德勤和均富会计师事务所在意大利的机构分别是帕玛拉特的主审计方和次审计方，但当时意大利有关两家事务所的合作审计标准非常模糊。作为帕玛拉特的主审计方，德勤在1999—2002年间证明该集团的账目没有疑点。但帕玛拉特一些子公司账目是由前次审计方均富负责完成的。根据意大利审计标准，审计集团账目时，不对那些子公司已有的审计结果负责，因此这些子公司能通过虚构资产来掩盖帕玛拉特集团的亏损。

注册会计师定期轮换制问题包含两层含义：一是审计合伙人的定期轮换；二是会计师事务所实行定期轮换，以避免与客户长期的关系导致审计独立性下降。会计师事务所定期轮换制是个颇有争议的问题，安然事件后，美国有更多人士要求实行这种制度。《萨班斯－奥克斯利法案》尚未采纳这一建议，但授权美国审计总署调查研究实行这种制度的可行性。

很多国家都对这一问题进行过研究。早在1987年，英国贸工部就研究过这种建议，但未予采纳。1992年英国国会Cadbury委员会又提出这一问题，仍未获支持。爱尔兰和澳大利亚也对这一问题进行过研究，但最后得出的结论是：强制实行会计师事务所定期轮换制不符合成本效益原则。西班牙也曾于20世纪90年代中期做出事务所定期轮换制的规定，但最终未予实施。目前，只有极少数国家（如意大利）实行这一制度。

虽然实行会计师事务所定期轮换制，能够明显防止会计师事务所与客户因长期合作而形成紧密的关系，但其对审计质量的负面影响却不容忽视。注册会计师审计的独立性本身并不是目的，只是保证审计质量的手段而已。而审计质量不是仅仅依赖审计独立性，还需要注册会计师的专业能力以及对客户的了解。

实行会计师事务所定期轮换制，表面上可能提高审计独立性，但实质上则会降低审计质量。一方面，审计质量是建立在熟悉客户经营活动的基础之上，如果实行定期轮换制，一开始的审计质量会因缺乏对客户的了解而受到影响。而很多研究表明，大多数审计失败发生于审计初期。另一方面，审计质量也离不开注册会计师追求质量的内在动力，如果合同的时间是既定的，那么注册会计师在后期的审计中就可能减少时间和精力的投入，这同样会影响审计质量。

因此，为了防止注册会计师与审计客户形成紧密关系，比较好的方式是实行审计合伙人定期轮换制，而不是会计师事务所定期轮换制。对于审计合伙人定期轮换制，几乎没有多少争议，已被许多国家所接受。国际会计师联合会2001年年底发布的注册会计师独立性规则，以及欧洲委员会2002年5月发布的审计独立性建议文件，都要求实行审计合伙人轮换制度。

（3）明确合并报表的审计责任，协调审计准则地区差异。一系列大公司的财务丑闻揭示出，会计师事务执行的各地区审计标准存在巨大漏洞，欧盟为此建议推行国际审计标准。业内人士表示，帕玛拉特丑闻就是全球性会计师事务所仅仅遵守各国或地区的审计标准带来的恶果。在地区审计准则与国际审计准则差距较大的情况下，有些国际会计师事务所往往不考虑地区审计准则的优劣和可操作性问题。实际上，2003年意大利已经出台了与国际审计准则相类似的规定，明确了集团审计师和其他审计师在发现舞弊方面的责任，但为时已晚。德勤会计师事务所在2003年才按照国际审计准则的要求关注到帕玛拉特海外分公司的问题。

所以，应该明确合并报表审计中主审会计师的责任，保证主审会计师对合并的所有财务报表承担责任。对于重要的子公司，必须由母公司的审计师审计，不得委托其他会计师事务所审计。该案件表面上是合并报表的审计责任问题，实质上反映了审计准则的地区差异问题。当某个国家的审计准则与国际准则存在较大差异时，审计师应该遵循更为严谨的审计准则，而不是避难就易。要想从根本上解决问题，还需要审计准则的国际协调。如果全球统一使用国际审计准则，则可以避免类似情况发生。

帕玛拉特事件使欧洲委员会考虑推行集团审计师对集团会计报表审计负完全责任的规定，同时考虑在欧盟内部统一使用国际审计准则。在这种背景下，会计报表的使用者普遍呼吁，国际会计师事务所应该承诺在全球范围内使用国际审计准则或类似的国内准则。这样的要求将迫使国际会计师事务所面对由结构松散带来的困难，由于散落在各地的分支机构并不处在母公司的统一管理下，而是在全球网络体系内带有自治性质，且具有各国特色的独立经济实体，这使得在整个网络体系内推行统一的审计工作标准变得十分困难。

案例7-3 湖南万福生科 IPO 审计业务造假分析

一、背景与起因

万福生科（湖南）农业开发股份有限公司（以下简称万福生科）通过虚构销售、自有资金循环、虚构生产和采购等进行"一条龙"式的财务造假。万福生科每月先确定虚假销售金额及对应的客户名单，并按照已确定的虚假销售金额编制虚假销售明细（包括日期、客户、产品类别、数量、单价和收入金额），开具发票；随后，根据虚假销售明细和固定成本参数计算应采购的原料数量和金额，并编制从采购到领料环节等整套虚假单据（包括采购合同、入库单、领料单、公司开具的农产品收购发票等）。

对于资金流转，公司先将资金转入其控制的个人银行账户，确认为采购付款；随后，将自有资金通过其控制的个人账户转回公司，确认为销售回款。公司按照成本参数确定投入产出比例，将商品销售与生产进行挂钩，确认生产成本；最后，以支付在建工程、预付工程款等名义将虚增的货币资金转移出公司，"消化"虚增的利润。

经查，万福生科通过集采购、生产、销售于一体的"一条龙"式财务造假于2008—2010 年分别虚增销售收入 12262 万元、14966 万元、19074 万元，虚增营业利润 2851 万元、3857 万元、4590 万元。扣除上述虚增营业利润后，万福生科 2008—2010 年扣除非经常性损益的净利润分别为 -332 万元、-71 万元、383 万元，不符合公开发行股票的条件。

中磊会计师事务所有限责任公司（以下简称中磊所）承接了万福生科 IPO 审计业务（2008—2011 年上半年）及 2011 年年报审计业务，均出具了标准无保留意见的审计报告，审计收费分别为 98 万元和 40 万元。

二、被审计单位概况

万福生科成立于 2003 年 5 月，注册地为湖南省常德市，2009 年 10 月完成股份制改造，2011 年 9 月上市。实际控制人为龚福、杨某华夫妇，主营高麦芽糖浆、麦芽糊精、淀粉、淀粉糖的生产和销售，以及粮食、大米、饲料的销售等。万福生科属于农产品加工业，公司首创以大米淀粉糖、大米蛋白为核心产品的稻米精加工高效循环经济生产模式，产品主要用于食品、饮料、饲料、医药、化工等行业领域。从招股说明书和年度报告来看，万福生科客户集中度不高，前五大客户收入合计约占公司收入总额的30%。对大部分客户采取了"款到发货、货款两清"的销售政策，应收账款占销售收入的比例相对较低。2008—2011年上半年采用现金缴存和个人刷卡方式收取货款的销售额占收入总额的比例分别为42.41%、22.79%、17.89%和26.80%。万福生科通过一定规模数量的粮食经纪人将种植基地、粮食经纪人同公司联系在一起，公司与粮食经纪人（多为个体工商户及自然人）签订采购合同，明确供货数量及价格，公司按实际入库数量与粮食经纪人结算货款。IPO申报期内（2008—2011年）公司现金采购金额占采购总额的比例分别为3.23%、4.4%、4.07%和0.17%。

三、案件解析

1. 主要审计程序

中磊所审计师在评估舞弊风险时，认为管理层为满足上市要求和借款融资需要，存在粉饰财务报表的动机和压力。在IPO总体审计策略中，审计师评估的可能存在重大错报风险的领域包括营业收入、应收账款、预付账款等。

审计师针对重大错报风险领域，计划采取以下审计程序来应对风险：应收账款函证及替代测试，查阅相关销售合同，抽查凭证等，检查应收账款的真实性；对粮食采购经纪人现场询证，确认预付账款期末余额的真实性；针对营业收入重点进行分析性复核，加大对销售凭证的抽查，选择部分销售客户进行销售情况的特殊函证，选择一些销售大客户及有现金结算的客户进行现场走访，以获取销售及收款真实性的外部证据。

审计师实际执行了哪些程序呢？在2008年报审计中，审计师对应收账款主要实施了核对总账和报表余额、测算坏账准备的审计程序，并抽查了6笔应收账款凭证；对收入执行了分析程序，查阅合同、凭证等，并在收入底稿中列示了单项销售收入金额大于100万元的凭证；在银行存款底稿中列示了某县农信社银行账户2008年初余额96万元，2008年该信用社账户银行流水发生额2.86亿元，2008年底前予以销户。

在2009年年报审计中，审计师对应收账款、收入执行了与2008年同样的审计程序，并抽查3~5笔应收账款凭证。审计师解释称，其已经执行了IPO总体审计策略中针对重大错报风险领域设计的常规程序，但未对2008年和2009年应收账款执行函证程序，由于时间限制对凭证抽查等执行的情况欠佳，未关注到合同异常情况。

在2010年年度财务报表审计和2011年中期财务报表审计中，审计师对应收账款和预付设备款采取寄送的方式进行询证，对预付粮食经纪人的款项采取通知经纪人到现场确认的方式进行函证。

在对预付账款现场函证时，对于部分忘带身份证的经纪人，其函证所附身份信息为万福生科留底的经纪人身份证复印件；对于少部分无法到现场签字的经纪人，其函证为万福生科工作人员代发。审计师向长沙市某食品公司、常德市某冷冻食品公司等五家客户函证了销售情况，但这五家客户中仅有一家为万福生科销售的前五大客户，特殊函证总金额仅占万福生科当年营业收入的8%。此外，审计师对销售合计占比6%的两家公司客户及一名个人客户进行了走访。

2. 主要审计问题

中磊所在对舞弊风险进行评估时存在明显不足，也未按审计准则的相关要求设计和执行风险应对程序，在执行现场访谈、分析程序检查、函证等程序时存在明显问题。

1）审计准则要求

《中国注册会计师审计准则第1211号——了解被审计单位及其环境并评估重大错报风险》（2006版）第三条规定，注册会计师应当了解被审计单位及其环境，以足够识别和评估财务报表重大错报风险，设计和实施进一步审计程序。第十九条规定，注册会计师应当从下列方面了解被审计单位及其环境：行业状况法律环境与监管环境以及其他外部因素；被审计单位的性质；被审计单位对会计政策的选择和运用；被审计单位的目标、战略以及相关经营风险；被审计单位财务业绩的衡量和评价；被审计单位的内部控制。

《中国注册会计师审计准则第1211号——通过了解被审计单位及其环境识别和评估重大错报风险》（2006版）第六条规定，注册会计师应当实施下列风险评估程序以了解被审计单位及其环境：询问被审计单位管理层和内部其他相关人员；分析程序；观察和检查。

《中国注册会计师审计准则第1211号——通过了解被审计单位及其环境识别和评估重大错报风险》（2006版）第七条规定，注册会计师除了询问管理层和对财务报告负有责任的人员外，还应当考虑询问内部审计人员、采购人员、生产人员、销售人员等其他人员，并考虑询问不同级别的员工，以获取对识别重大错报风险有用的信息。

《中国注册会计师审计准则第1141号——财务报表审计中与舞弊相关的责任》（2006版）第五十八条规定，注册会计师应当考虑通过下列方式，应对舞弊导致的认定层次的重大错报风险：改变拟实施审计程序的性质，以获取更为可靠、相关的审计证据，或获取其他佐证性信息，包括更加重视实地观察或检查，在实施函证程序时改变常规函证内容，询问被审计单位的非财务人员等；改变实质性程序的时间，包括在期末或接近期末实施实质性程序，或针对本期较早时间发生的交易事项或贯穿于整个本期的交易事项实施测试；改变审计程序的范围，包括扩大样本规模，采用更详细的数据实施分析程序等。

《中国注册会计师审计准则第 1312 号——函证》（2006 版）第七条规定，注册会计师应当对银行存款、借款（包括零余额账户和在本期内注销的账户）及与金融机构往来的其他重要信息实施函证。第八条规定，注册会计师应当对应收账款实施函证，除非有充分证据表明应收账款对财务报表不重要，或函证很可能无效。如果不对应收账款函证，注册会计师应当在工作底稿中说明理由。如果认为函证很可能无效，注册会计师应当实施替代审计程序，获取充分适当的审计证据。

第十九条规定，注册会计师应当采取下列措施对函证实施过程进行控制：将被询证者的名称、地址与被审计单位有关记录核对；将询证函中列示的账户余额或其他信息与被审计单位有关资料核对；在询证函中指明直接向接受审计业务委托的会计师事务所回函；询证函经被审计单位盖章后，由注册会计师直接发出；将发出询证函的情况形成审计工作记录；将收到的回函形成审计工作记录，并汇总统计函证结果。

第二十五条规定，如果有迹象表明收回的询证函不可靠，注册会计师应当实施适当的审计程序予以证实或消除疑虑。

2）舞弊风险评估

中磊所在对公司舞弊风险进行评估时，虽然识别了管理层存在为满足上市要求和借款融资需求粉饰财务报表的动机和压力，但却未能从行业、公司业务特点和交易模式等方面进一步识别、评估相关舞弊风险。

从行业看，万福生科所处的稻米加工行业早在 2009 年就开始发生重大变化，全国大米加工企业因为原材料供应不足爆发了大面积的停产危机，开工率仅为 30% ~ 40%，但在万福生科的招股说明书中，本地原料供应充足，2009 年收入较 2008 年增长达 44%，米业毛利率丝毫没有受到原材料供应不足的影响。此外，在原料价格上涨和生产成本急剧上升，行业毛利率呈下跌态势的情况下，万福生科的销售毛利率下跌却并不明显。

从公司自身看，万福生科的业务特点和交易模式为管理层设计"一条龙"式造假提供了良好的机会，一是稻米精深加工生产出的大米淀粉糖、大米蛋白属于小众产品，稻米精深加工行业规模小、可对比同业公司少、行业数据匮乏；二是主要原材料的大米大多数是通过当地个体工商户或自然人采购的，而大米淀粉糖、大米蛋白等产品也主要是通过当地的中小客户来销售的,这些供应商、客户大多属于缺乏有效内部控制的个体工商户或"夫妻店"式的小型企业,万福生科与其串通的风险较高;三是公司既可以代农户开具采购发票,也可以开具销售发票,佐以生产环节的内部单据,容易虚构完整的票据流;四是公司控制了若干供应商个人的银行账户,容易虚构完整的资金流。在本案中,审计师未能结合公司业务特点和交易模式等方面进一步识别和评估相关舞弊风险。

3)舞弊风险应对

对照审计师计划执行的审计程序与实际执行的审计程序,不难看出,审计师在舞弊风险应对方面存在以下明显问题。

(1)在凭证检查中仅抽查了寥寥几笔,抽查凭证的样本量明显偏少,与拟扩大检查样本量的初衷背道而驰。对于这少数的几笔凭证,审计师也未能发现其中的异常。例如,审计师取得了万福生科与排名前五的供应商曾某签署的多份采购合同,这些合同上的签字人姓名却不一致。

(2)未按计划执行分析程序或流于形式。在执行营业收入分析性程序时,审计师已发现2009年收入较2008年增长异常,本应通过检查程序进一步查明原因以应对风险,却未见审计师采取相应措施。在按产品进行分析时,审计师认为糖浆销售收应通过实质性测试进一步排除舞弊风险,但未见执行相应程序;在毛利率分析中,审计师未按照审计计划将毛利率的变动情况与同行业的其他公司进行比较;在投入产出率分析中,未对分析所使用的基础数据的可靠性进行查验。

(3)函证程序存在重大缺陷。从函证范围看,审计师未对2008年末、2009年末的银行存款、应收账款余额进行函证,也未执行恰当的替代审计程序,函证程序严重缺失。

经查,万福生科虚构了某县农信社银行账户,并利用该银行账户虚构资金发生额2.86亿元(其中包括虚构收入回款约1亿元)。审计师未执行银行函证程序,丧失了发现这个虚构账户的机会。从函证控制看,审计师对万福生科2010年末和2011年6月30日的往来科目进行函证时,未在审计底稿中记录函证对象的地址和联系方式,也未对被询证对象地址、联系方式的真实性进行核实,未保留反映函证控制过程的收发函证快递单、信封以及审计人员亲函的记录。从回函情况看,审计师未关注被询证单位和回函经办人印章或签名存在的异常,也未发现多名粮食经纪人在不同期间回函签名存在明显不一致的情形。

(4)未按审计计划对重要供应商、客户进行现场访谈,仅仅对两家公司客户及一名自然人客户进行走访,来自走访客户的销售占比仅为公司销售总额的6%,通过访谈程序获取的审计证据明显不足。此外，走访笔录中也没有对方签字，可靠性存疑。

中磊所本应根据审计准则的要求，结合风险评估结果，严格执行有针对性的应对重大错报风险的审计程序。遗憾的是，中磊所设计的审计程序要么缺乏针对性，要么未执行到位，审计失败在所难免。

四、案件结果与启示

1. 案件结果

2012 年 9 月，万福生科因涉嫌财务造假被立案调查。2013 年 9 月，万福生科因不满足公开发行股票条件公开披露信息存在虚假记载和重大遗漏被责令改正、给予警告，并处以 30 万元罚款，龚某福及多位高管被给予警告并处以罚款。同月，中磊所因在 IPO 审计阶段未勤勉尽责、出具的审计报告存在虚假记载，被责令改正违法行为，没收业务收入 98 万元，并处以 196 万元罚款；签字注册会计师被给予警告并处以罚款。2013 年 10 月，中磊所被撤销证券服务业务许可。

2. 案件启示

万福生科审计案凸显了函证、分析程序、检查凭证、访谈等审计程序的重要性，审计师应充分重视这些审计程序并将其切实执行到位，充分应对审计风险，进而避免审计失败的严重后果。对于如何设计及执行函证程序和分析程序，请参考天丰节能和振隆特产审计案例的相关内容，本文不再赘述。本文将从选择细节测试样本、访谈等展开进一步探讨。

1）选择细节测试样本

在本案例中，被审计单位的销售业务交易频繁，审计师在细节测试中仅针对应收账款选取 5～6 个样本进行测试，且被选取的样本中仅有一个属于被审计单位销售收入的前五大客户，通过测试这些样本并不能获取充分适当的审计证据。

审计师在考虑细节测试的样本时，应充分考虑重大错报风险的评估结果。重大错报风险评估属于审计师职业判断的范畴，实务中大多数审计师采用非量化的方式确定风险评估结果，下文以将重大错报风险分为最低、低、中和高为例展开分析。

（1）当评估的重大错报风险水平为最低或低时，审计师很可能选择只执行实质性分析程序，或执行实质性分析程序辅以对部分关键项目的细节测试来应对重大错报风险。关键项目通常包括金额超过实际执行重要性水平或其一定百分比的项目，以及具有异常特征的项目，如账龄远超信用期的应收账款、销售额大幅波动客户的应收账款和以前期间函证中曾发现错误的应收账款项目等。如果执行上述程序已获取了充分、适当的审计证据，则对关键项目以外的样本进行的细节测试可能较少。

（2）当评估的重大错报风险水平为中或高时，审计师仅执行实质性分析程序往往是不够的，通常在分析程序之外对相当数量的关键项目执行细节测试，甚至设计和执行专门应对特别风险的审计程序。与重大错报风险为最低或低的情况相比，此时选择的细节测试样本数应更多。

在本案中，中磊所将重大错报风险评估为高，应在分析性程序之外，进行一定数量的细节测试。在细节测试中首先应考虑以下关键项目：超过信用期未回款的客户、交易频繁但期末未回款或回款较少的客户、当期新增的重要客户、同时存在银行回款和现金回款的客户、同时存在采购和销售的客户、采购量与其经营规模明显不匹配的客户、交易或未回款余额超过测试门槛的交易项目等。值得一提的是，选取具有上述异常特征的测试样本时应覆盖整个财务报表期间，而不仅仅是接近资产负债表日的交易样本。通过实质性分析程序和关键项目测试的结果无法获取充分的审计证据时，审计师还应从剩余总体中选取样本进行测试。

2）询问程序

万福生科造假涉及财务、采购、生产和销售多个部门和数名员工，且还涉及多家客户和供应商，由于环节多、人员杂，舞弊行为出现纰漏的可能性也会增加。比如，公司内部不同员工以及客户和供应商很难在所有情况下均对审计师问询或访谈抱有同样高的戒备心理，且同时具备同样高的"反询问"技巧，这为审计师运用询问程序识别舞弊线索或嫌疑提供了机会。审计师可从询问的前期准备、把握询问技巧和及时记录等方面执行好询问程序。

（1）前期准备。有效的审计询问应从理清询问目的、了解被访谈人的相关背景、拟定访谈提纲、设定访谈情景等多方面着手进行准备。例如，了解被访谈人的教育经历、工作经历、工作职责及与拟询问事项的关系等，以更好地切入访谈主题；再如，拟定明确的访谈提纲，将访谈内容聚焦，同时表明此次访谈是经过充分准备的；在设定访谈情景时，根据需要安排座次，当双方隔桌对面而坐时访谈气氛会变得严肃，隔桌斜对面而坐时访谈气氛较为理性，并排而坐时访谈气氛则相对缓和。

（2）把握询问技巧。审计师应充分把握好询问的艺术和技巧，一方面要善于询问，另一方面要关注询问过程中体现的潜在信息。询问可分为信息型询问、评估型询问、质问型询问。审计师可根据具体审计目的使用三种询问中的一种或多种。

信息型询问是指获取与审计师未曾知悉的事实和细节有关的信息，这些信息通常是关于过去或当期事项或过程的信息。当审计师使用信息型询问时，可使用开放性问题，进而获得有关事项、过程及其背景的有关信息。

评估型询问是指进一步验证以前获取信息。当审计师使用评估型询问时，可选择被审计单位的其他员工、内部审计人员治理层或者外部供应商和客户等来验证之前对管理层询问的结果。质问型询问经常被用来确定个体是否有意欺骗或故意忽略关键信息。通常情况下，被询问者都会不自觉地掩盖自己对具体事实、事件或情形的认识及了解。在使用质问型询问时，审计师可询问一些答案为"是"与"否"的具体问题。询问方式示例可参考表 7-2。

表 7-2

询问方式	示例
信息型询问	关于这个，你还有什么可以告诉我的吗？你觉得什么是最大的问题？这暗示了什么更重要的事情吗？事件是如何发生的？在什么时候发生的？最后的结果是什么？
评估型询问	我可以理解你的做法；我可以理解你十分担心这件事。你可否告诉我这件事的来龙去脉；这是不是关于……；这一点是我错了，我没弄清楚。谢谢你的指正，让我迅速了解
质问型询问	这些数据正确吗？这些都是最新的资料吗？

审计师还应关注询问过程中被询问对象说话速度、语调和身体语言传达的潜在信息。如大量使用"基本上""通常""经常"等修饰语，可能传达了相关事项或情形存在偏差的信息；被询证对象在回答问题时频繁更改陈诉，可能传达了被询问者对自己的回答也不确定或想拖延时间的潜在信息；被询证对象频繁使用"嗯""好""事实是"等停顿性用语，可能传达了"无法准确回答这个问题"的信息。

3）对询问情况进行及时、准确的记录

询问结束后，审计师应及时整理询问记录避免时间过长遗忘部分事项。对于重要询问记录，还应让被询问人签名确认。审计师应对询问内容进行认真分析，必要时还应当通过查询原始单据、与被审计单位内部人员访谈结果对比分析、与函证和细节测试等获取的相关信息进行核实，对相关线索进行跟进。

询问程序虽看似简单，却也充满艺术和技巧。询问的具体方式可能会因询问对象、内容及其他外界条件的不同而有所区分。审计师应根据实际情形，选择适当方式，从而获得较好的询问效果，收集到所需的审计证据。

综合实训日志

姓名		学号	
班级		指导教师	
实训项目			
实训业务			
实训时间	第__周　星期__　　第__节~第__节		
实训地点			
实训内容			
完成情况			
收获与体会			
存在的问题			
意见建议			

参 考 文 献

［1］中国注册会计师协会.审计［M］.北京：中国财政经济出版社,2024.

［2］么秀杰.审计全流程实操从入门到精通［M］.第 2 版.北京：中国铁道出版社,2021.

［3］工业企业审计编审委员会.工业企业审计实务指南［M］.北京：人民邮电出版社,2022.

［4］企业内部审计编审委员会.企业内部审计实务详解［M］.北京：人民邮电出版社,2022.

教师服务

　　感谢您选用清华大学出版社的教材！为了更好地服务教学，我们为授课教师提供本书的教学辅助资源，以及本学科重点教材信息。请您扫码获取。

≫ 教辅获取

本书教辅资源，授课教师扫码获取

≫ 样书赠送

财政与金融类重点教材，教师扫码获取样书

 清华大学出版社

E-mail: tupfuwu@163.com
电话：010-83470332 / 83470142
地址：北京市海淀区双清路学研大厦 B 座 509

网址：https://www.tup.com.cn/
传真：8610-83470107
邮编：100084